大客户销售

从入门到精通

王欣 著

北京大学出版社

内 容 提 要

本书的核心思路是对大客户销售工作进行流程化分解,并从技术角度对销售的流程进行解读和阐述,进而构建一套系统化的大客户销售业务流程和知识体系架构。本书的内容设计着重于对读者两个方面能力的塑造:一是宏观战略层面上对整体局势的驾驭能力,二是具体战术层面上的操作执行能力。

本书在内容上既有对经典销售理论和销售知识的解读,又有笔者自身经验的归纳总结,更有两者的结合。通过这些内容,可以为读者搭建起一个系统化的大客户销售知识体系架构,帮助读者快速掌握大客户销售技能、优化自身业务能力,实现职业的快速入门与进阶提升。

图书在版编目(CIP)数据

大客户销售从入门到精通 / 王欣著. — 北京:北京大学出版社,2019.6
ISBN 978-7-301-30457-0

Ⅰ. ①大… Ⅱ. ①王… Ⅲ. ①企业管理 – 销售管理 Ⅳ. ①F274

中国版本图书馆CIP数据核字(2019)第084283号

书　　　名	大客户销售从入门到精通
	DAKEHU XIAOSHOU CONG RUMEN DAO JINGTONG
著作责任者	王欣　著
责任编辑	吴晓月　刘沈君
标准书号	ISBN 978-7-301-30457-0
出版发行	北京大学出版社
地　　址	北京市海淀区成府路205号　100871
网　　址	http://www.pup.cn　新浪微博:@北京大学出版社
电子信箱	pup7@ pup.cn
电　　话	邮购部 010-62752015　发行部 010-62750672　编辑部 010-62570390
印　刷　者	北京宏伟双华印刷有限公司
经　销　者	新华书店
	720毫米×1020毫米　16开本　16印张　234千字
	2019年6月第1版　2021年1月第2次印刷
印　　数	4001–6000册
定　　价	49.00元

未经许可,不得以任何方式复制或抄袭本书之部分或全部内容。
版权所有,侵权必究
举报电话:010-62752024　电子信箱:fd@pup.pku.edu.cn
图书如有印装质量问题,请与出版部联系,电话:010-62756370

前言
PREFACE

首先感谢大家选择阅读本书！

笔者自2008年开始接触大客户销售工作，至今已有十多个年头，其间算是较为完整地经历了从懵懂新人成长为企业团队的组建者和管理者的职业发展过程。虽不能说成功，但也一直在努力。因为自身的职业成长经历以及销售团队的管理经验，笔者对于大客户销售从业者在工作当中所面临的种种困难、疑惑及瓶颈有着较为深刻的认知和感触，也明白在职业成长中如果能得到有价值的帮助，是多么的难能可贵。因此，笔者日常除了尽力为自己的团队成员助力外，也会偶尔在网络上做一些诸如答疑解惑、问题诊断、案例分析和经验分享之类的交流，希望能够用这样的方式尽可能地帮助更多人绕过笔者走过的弯路，在工作上突破困境、有所收获。

编写此书，既是对自己十年工作的一次总结，同时又希望能将自己的这些经验拿出来与大家分享，希望此书能够对广大从业者尤其是销售新人们的业务提升和职业成长起到一定的帮助作用。

对大客户销售工作进行流程化的分解，并从技术的角度对流程环节进行解读，进而构建一套系统化的大客户销售业务知识体系架构，是本书的核心思路。本来按照笔者的想法，书名原为《大客户销售入门与进阶提升》，但出于各方面的综合考虑，最终将书名定为《大客户销售从入门到精通》。一开始笔者还感觉"精通"一词用得过于自负了，怎可能一本书就使人对某一工作"精通"？但仔细想想，这样倒也颇切合本书的立意，因为本书的出发点就是帮助读者构建大客户销售的知识体系架构，而剩下的，还需要读者们以这一架构为基础，通过更深入的探索和学习，令这一架构不断丰满，而这不断"丰满"的过程，既是不断"提升"的过程，又是达成"精通"的过程，这也颇有"师父领进门，修行靠个人"的意味。其实销售工作与做大多数事情一样，若想取得"成功"，无非是个人的"努力"加上正确的"方法"，此外再加上一定的"机遇"。笔者希望通过本书为大家在"方法"上提供一定的帮助，指引大家走向通往成功之路。

最后，大客户销售是一份充满机遇与挑战、富有魅力的工作，祝愿大家能够享受自己的工作，在工作中发挥出自己的价值，取得与自己的付出相匹配的成就！

在编写过程中，笔者竭尽所能，但仍难免有纰漏、不足之处，还请读者批评指正。在此感谢！

王欣

目录
CONTENTS

001 第一章　大客户销售概述
　　　　——销售工作也是技术活儿

　　第一节　大客户销售的特征　// 002
　　第二节　大客户销售的三要素　// 005
　　第三节　客户的一般采购逻辑　// 008

015 第二章　挖掘潜在客户
　　　　——发现和切入客户是销售工作的开端

　　第一节　销售人员需要具备的基础知识　// 016
　　第二节　客户开发那些事　// 021
　　第三节　客户切入与沟通　// 024
　　第四节　两个有用的小工具　// 035
　　第五节　拒绝盲目，准确评估销售机会与客户价值　// 040
　　第六节　客户关系升级，由浅入深、从开始到结束　// 043
　　第七节　客户的行动计划与行动承诺　// 060

067　第三章　客户需求开发
　　　　　——需求是客户的采购动机

- 第一节　大客户需求的概述 // 068
- 第二节　客户需求的开发 // 075
- 第三节　需求决策的反复 // 085
- 第四节　业务需求与个人需求 // 086
- 第五节　你需要一份极具说服力的书面材料 // 087
- 第六节　提供产品试用 // 091

095　第四章　产品采购
　　　　　——客户为什么要从你这里买？

- 第一节　有需求不等于一定会采购 // 096
- 第二节　客户是理性的 // 098
- 第三节　采购决策的组织结构分析 // 100
- 第四节　客户内部关系的拓展 // 116
- 第五节　打消客户采购顾虑，推动态势顺利发展 // 128
- 第六节　千万别忽视方案的制作 // 130
- 第七节　关于招投标 // 132
- 第八节　关于竞争对手 // 144
- 第九节　守局与破局 // 155
- 第十节　变通合作模式 // 159

165 第五章 谈判签约
——最后关头的临门一脚

- 第一节 消除客户交易前的顾虑 // 166
- 第二节 谈判签约 // 168

175 第六章 项目落地的后续跟进
——深化合作,打造长期生意

- 第一节 管理客户期望,提升客户满意度 // 176
- 第二节 签单后的三个阶段 // 179
- 第三节 产品验收 // 184
- 第四节 深化合作,发掘新商机 // 186

195 第七章 发展渠道销售
——借助合作伙伴的力量

- 第一节 渠道的作用 // 196
- 第二节 渠道的不足 // 198
- 第三节 如何开发渠道 // 199
- 第四节 有效利用渠道 // 202
- 第五节 与渠道商的合作方式 // 204

207 ○ 第八章 客户的采购流程
　　　　——谋定而动，有针对性地开展销售工作

　　○ 第一节 采购流程分析 // 208
　　○ 第二节 流程的匹配 // 213

217 ○ 附录

　　○ 附录一 "销售"是什么 // 218
　　○ 附录二 如何做好销售工作 // 222
　　○ 附录三 销售人员的职业发展与出路 // 228
　　○ 附录四 销售中的共赢 // 231
　　○ 附录五 先入为主与后发优势 // 234
　　○ 附录六 充分利用网络 // 237
　　○ 附录七 顾问式销售——以客户为中心的销售方式 // 242

CHAPTER 01

第一章

大客户销售概述
——销售工作也是技术活儿

本书中的大客户销售指的是通常意义下的 B2B（Business to Business）销售，是相对于 B2C（Business to Customer）销售的另外一种销售模式。两者的主要区别在于面向的客户群体有所不同，从而导致销售的内容、过程及方式等也存在明显的不同。大客户销售的对象为个人消费者之外的机构型客户，如各类政府单位、企业、机构等。

第一节 大客户销售的特征

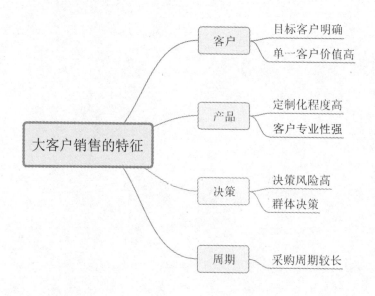

大客户销售通常具有以下几个明显特征。

1. 目标客户相对集中,单一客户价值高

大客户销售的产品通常只面向某个具体行业的客户群体,或具有业务共性和需求共性的一类客户群体,因此,目标客户比较明确、容易被集中定位。而且大客户销售涉及的交易额通常较大且很多情况下具有长期的业务持续性,因此,大客户销售所面向的每个客户通常都具有很高的客户价值。

2. 产品定制化程度高，客户专业性强

与 B2C 销售中销售的多为标准化产品不同，大客户销售中客户的需求更加复杂，具有更强的个性化需求，厂商通常需要根据客户的个性化需求给出定制化的产品解决方案。同时，由于客户对自身业务的熟悉程度通常要高于销售人员，加之客户会不断地接收到不同厂商的培训和灌输，具有丰富的信息渠道，因此，大客户销售中销售人员所面对的客户通常会具有较强的专业性。

3. 客户决策风险高

大客户销售中，通常客户的采购金额大、涉及范围广、内容复杂、业务影响大、外部关注度高，如果客户采购失误，会为其带来较严重的损失和负面影响，因此，采购的决策者会承担较高的决策风险。

4. 客户的采购决策为群体性、组织性决策

与 B2C 销售中通常由消费者个人做出采购决定不同，大客户销售面对的是客户内部多人、多部门参与的群体性、组织性采购决策。这些采购决策者来自客户内部不同的职能部门，进行决策时大多以本部门的职能范围和利益为主要导向，这些参与采购决策的部门和人在进行决策的过程中，既有分工合作，又存在相互制约，甚至冲突。

此为大客户销售最明显、最重要的特征，在这种决策方式下，通常会存在以下几种对厂商销售工作的开展产生影响的情况。

① 不同决策者的决策关注点不同。客户内部不同职能部门在进行决策时，往往只关注与其自身所负责的职能范围或自身利益相关联的内容，如技术部门更多地关注产品本身的性能参数和技术先进性，使用部门更多地关注产品的使用成本和其带来的业务改进，而采购部门则更关心产品的采购价格等。

② 决策群体内部可能存在分歧甚至对抗。不同决策者的决策关注点不同，决策过程中可能会存在各种利益上的博弈，这导致决策者在参与决策的过程中可能会存在分歧甚至对抗的情况。如果这种分歧或对抗最终不能调和，甚至会导致当前采购的失败或无限期搁置。

③ 不同的采购阶段需要面对不同的决策者。厂商在不同的采购阶段往往需要对接客户中不同的部门或业务对接人，以及客户中不同级别的人。不同的决策者会带来不同的关注点和不确定因素，上一阶段参与的决策者在接下来可能就起不到作用。

④ 销售人员难以直接参与客户决策。客户在进行决策时，销售人员往往不在现场，无法当面对决策者施加影响，也难以及时准确地获知客户的决策动向。

5. 采购周期长

大客户销售中，客户的采购周期较长，通常以月甚至以年计，较长的采购周期也增加了销售过程的不可控性和不确定性。

以上是大客户销售的几个明显特征，这些特征的存在，使得大客户销售的过程更为复杂且存在较大的不确定性。因此，不同于 B2C 销售通常是以快速促成交易为导向的场景型销售，大客户销售是更倾向于过程型、组织型的销售。销售人员在开展销售的过程中需要组织协调各方面资源，应对各类不确定因素所带来的挑战，并且要不断地化解挑战，达成阶段性目标，逐步接近最终目标。销售人员在这个过程中获得的成就感，也正是大客户销售的魅力之一。

第二节
大客户销售的三要素

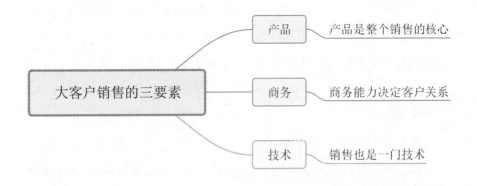

在一次大客户销售的过程中,通常会由以下三个方面的要素发挥作用,即产品、商务和技术。

1. 产品

产品是指由厂商提供的,能够满足客户需求、为客户解决问题、创造收益的,具有一系列属性的物品、设施、服务等。对于客户来讲,其目标是采购到真正适合的产品,享受到产品所带来的收益,此为客户采购工作的基础和驱动力。客户对产品的诉求是其核心诉求,对产品的评判情况是其进行采购决策进而影响销售结果的重要依据。从厂商的角度出发,其目标是能够在竞争中胜出,将产品销售给客户并从中赚取利润,此为厂商销售工作的基础和驱动力。对于厂商来讲,产品能力是厂商价值的重要体现,是厂商切入客户的重要切入点以及突破点,是与客户交流互动的主线内容,是销售人员说服客户、打败竞争对手的核心武器。

2. 商务

商务指的是厂商在开展销售的过程中对于客户关系的处理。抛开产品因素，良好的客户关系显然更容易使厂商赢得客户的支持，更有利于销售工作的开展，更容易促进厂商销售目标的达成。因此，对商务关系的运作也是厂商开展销售工作过程中一项极为重要的内容。通过良好的商务运作，厂商可以实现与客户建立起良好的关系、形成良性互动、最大限度地争取客户的支持、打通客户各采购环节、引导客户决策方向、屏蔽竞争对手等一系列目标，从而最大限度地保障厂商销售目标的达成。

3. 技术

技术指的是销售人员开展销售工作的技术和能力。能被称为"技术"的，大多具有可以遵循的规律，具有适用性广泛，可以被分解、归纳、量化、复用的特点，销售工作同样具有这样的特征。这些销售技术最终表现为销售人员在开展销售工作时的一系列具体的行为和动作，既包括对整个销售过程的宏观布局与把控，又包括在不同的销售阶段对态势的准确分析把握，以及采取有效的应对策略和措施。销售人员只有充分掌握这些大客户销售的技术，才能对销售过程有明确的认知和准确的判断，针对不同情况设计有效的销售策略，采取有效的销售动作，从而使整个销售过程始终朝着对己方有利的方向发展，最终从竞争中胜出，达成销售目标。

以上为大客户销售的三要素，这三个方面的因素既相辅相成、互相制约，同时又有其各自的影响力，可以说各有权重、缺一不可。

优质的产品更容易获得客户的信任，从而更容易促成良好的客户关系。

良好的客户关系更容易让客户接受厂商的产品，将厂商与竞争对手在产品上的"差异"转化为"优势"。

有能力的销售人员可以最大限度地发挥出产品的竞争优势，可以营造良好的客户关系氛围。

在理想的情况下,优质的产品+良好的商务氛围+有能力的销售人员=销售目标的达成。

可以这样认为,一次大客户销售的过程,就是厂商发挥这三个方面因素的影响作用,在这三个方面与客户、与竞争对手进行博弈、竞争的过程。

某位朋友从业多年,可以说是一位非常优秀的销售人员,曾为服务的公司创造出丰厚的效益,在圈内颇有知名度。因此,有很多公司看重其资源和能力,不断向其抛出橄榄枝,邀其入伙。后来,朋友选择了某创业公司,以原始股东为条件加盟,出任销售副总,负责该公司的一切对外市场销售。一开始这位朋友可以说是意气风发、干劲十足,利用自己的资源和销售能力开始进行新产品的市场拓展,但一段时间下来,他却发现进展并非预想中那么顺利。按理说,这位朋友有资源、有能力,作为股东和副总,自己公司内部的支撑也足够到位,但问题出在了产品上。因为是新公司、新团队、新产品,团队的产品研发和生产经验均有所欠缺,导致产品不成熟,竞争力不及业内其他公司。虽然依靠老的客户关系能够参与到客户的采购当中,但往往在一涉及产品层面的实质竞争时,就败下阵来。有的客户虽有心帮助,但无奈产品劣势太过明显。一段时间下来,这位朋友屡战屡败,以往的信心被消磨殆尽,苦苦支撑了一段时间后,最终还是无奈地退出了该家公司。

从上述例子可以看出大客户销售中三要素各自的重要性,这位朋友虽然有技术、有商务资源,但无奈产品竞争力不足,因此仍然难以实现销售目标。同时,这个朋友的经历也给从业者和创业者以警示,就是在寻求新的发展平台时,要充分做好考察和评估判断,避免陷入木桶短板中。

第三节 客户的一般采购逻辑

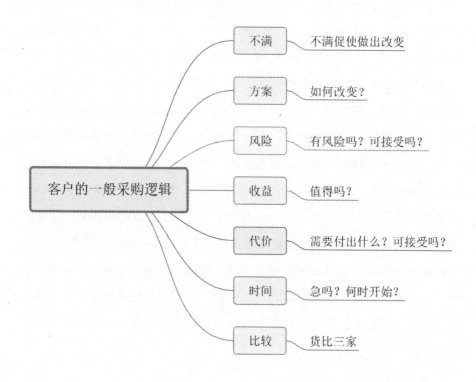

客户的一般采购逻辑是指在一般情况下，当客户在进行采购时所关注的及需要考虑的内容。这些内容通常能够对客户的采购决策产生重要影响，包括决定客户是否进行采购、怎样开展采购，以及怎样做出采购决策。在大客户销售中，客户在进行采购的过程中，通常会有以下几个常见逻辑。

1. 不满

客户之所以会进行某项产品的采购，通常是因为其对现状存在不满，因而希望通过对其所采购产品的应用来解决引发不满的各类问题，改变使其不满的现状。客户的不满可能来自多个方面，如对业务的不满、对个人职业状态的不满等。与不满相对应的是客户的愿景，即客户希望达成的目标、状态。对于厂商来说，一方面需要帮助客户发掘问题，激发、放大客户的不满，另一方面需要帮助客户描绘和规划相应的愿景。

2. 方案

当客户做出对现状进行改变的决定后，便会进一步探寻对现状进行改变的方式、方法，即考虑通过何种方式来对现状进行改变，怎样才能解决当前的痛点。通常客户探寻解决方案的过程也是对厂商进行初步考察、对产品进行初步了解、对可行性进行初步评估的过程。

3. 风险

客户的采购是存在一定风险的，既包括客户组织层面的风险，也包括客户个人层面的风险，而客户组织层面的风险最终又会落实到具体的责任人身上。这些风险因素最终都可能会给相关个人带来极其严重的负面影响，因此，对于风险的防范和把控是客户在进行采购时的重点关注内容。客户为了规避风险、保障安全，会采用一系列的应对措施，如群体性决策可以分散和平衡风险，减轻决策人的风险压力，使决策具有专业性；严谨的考察、评估和比较，可以使采购可行性、产品方案的适用性得到有效保障；谨慎、保守的行事方式可以更好地保障决策者个人的安全。总之，客户在进行采购时，风险因素会对客户的决策产生极大影响，厂商需要根据客户的实际情况帮助客户做好采购规划，规避采购风险，保障客户采购决策的安全。

4. 收益

收益即客户通过本次采购而得到的回报。从广泛意义上来讲，客户的采购属于投资行为，必然会要求得到回报，而能否得到预期的收益，也是采购是否成功的主要评判依据。

首先，收益会决定客户的采购决心和采购动力。可以为客户带来高收益的产品，能够使客户产生更强烈的采购决心和采购动力；反之，客户则可能会以消极的态度来对待。

其次，当客户明确了预期收益后，预期收益即等同于客户的采购目标，是评判当前采购是否成功的重要依据，也是客户的主要采购风险，因此，客户在进行采购时，会对收益进行仔细评估和判断。客户的收益包括多个方面的内容，除了最直观的可以用经济来衡量的收益外，还包括政治效益、社会效益等不能直接用经济来衡量但同样会对客户产生正面影响或促进作用的收益，以及针对客户当中具体个体的获益，如帮助其提升工作效率、使其工作变轻松、强化其职位重要性等。厂商在开展销售工作时，应当充分向客户展示产品为其带来的收益，为客户描绘美好的愿景，这样可以有效增加客户的采购决心和采购动力。

5.代价

与收益相对应的，是采购的代价，即客户为了完成本次产品的采购，将产品投入使用并从中获得预期收益所需要付出的内容。代价同样包括多方面的内容，最直接的是经济上的成本核算，如采购成本和后期的使用、维护成本等。还包括难以用经济来衡量，但同样需要客户付出的代价，如业务调整、学习培养、承担风险、人员淘汰、政治影响等。客户在进行采购时，会对采购代价进行评估，首先会评估采购代价是否在可承担的范围内，对于超出客户承担范围的，通常会导致采购中止或搁置；其次客户会结合风险及收益情况进行综合评估。比如，对于高风险、高代价、一般收益的情况，客户可能会取消采购计划；而对于低风险、一般代价、高收益的情况，客户可能会有较高的采购动力。

6. 时间

客户在进行采购时，还会从时间的角度进行考虑，即考虑什么时候是产品采购及产品投入应用的合适时间。通常情况下，客户即便确定了采购需求，也不一定会立即着手进行采购，而是会综合考虑需求的迫切程度、采购流程、预算周期、业务配合需要、风险控制、政策环境等多方面因素，最终确定出一个合适的采购时间计划。比如，对于需求迫切的产品，客户会将其列入较高的采购优先级，尽快进行采购，而对于需求并不迫切的产品，则可能会将其列入较低采购优先级；如果客户当年的采购预算不足，则可能将采购计划放在下一年度中；因存在较多的不确定因素，客户可能会选择再观望一段时间，将采购暂时搁置等。厂商在开展销售工作时，一方面要努力推动客户尽快进行采购，另一方面也要及时掌握客户的采购时间计划，以利于己方销售工作的部署和开展。

7. 比较

在生活中，人们购买某种商品时通常会货比三家，目的是购买到性价比更高的商品。大客户销售中，客户进行采购时同样会有这样的行为。客户在初步明确了采购方案后，会对接触到的厂商进行综合比较，比较厂商所提供的产品方案、服务等内容。通过比较的过程，首先，客户能够拓展信息渠道，更广泛地汇集与采购相关的各类信息，以利于己方进行决策分析；其次，客户可以对厂商和产品方案进行筛选，筛选出更优质的厂商和产品方案；再次，可以营造厂商之间的竞争压力，更有利于客户的采购谈判；最后，进行采购比较通常是客户采购工作所必需的规范流程，是客户公平、透明采购的一种体现方式。

以上为大客户销售中客户的几点采购逻辑，这些采购逻辑通常是客户在进行采购时的重点关注内容，并且会对客户的决策产生重要影响。厂商在开展销售工作时，应注意对客户的这些采购逻辑进行有效把握。这样，一方面可以做到从客户的角度考虑问题,想客户之所想,为客户提供更优质的售前服务,使客户具有更好的售前体验;另一方面,厂商可以通过迎合并引导客户的采购逻辑,来达到打消客户采购顾虑、坚定客户采购决心、增强客户采购动力,以及营造厂商竞争优势的目的。

思考练习

某工厂位置偏僻,员工分散在市内各地,对上下班的交通一直很不满,该工厂在进行招聘时也往往会因为这个原因而受到影响。因此,今年该工厂决定增设通勤班车,接送员工上下班。请试着分析一下,该工厂管理层在制订这一决策的过程中可能的采购逻辑是怎样的。

扫一扫查看答案

CHAPTER 02

第二章

挖掘潜在客户
——发现和切入客户是销售工作的开端

开展销售工作，首先需要明确产品所面向的客户群体，即要将产品卖给谁，确定目标客户后，再进一步考虑如何与客户建立起接触，并将这种接触逐步深入开展下去，这就要涉及一系列的挖掘客户、切入客户、建立和发展客户关系及推进销售进程的思路和方法。

第一节 销售人员需要具备的基础知识

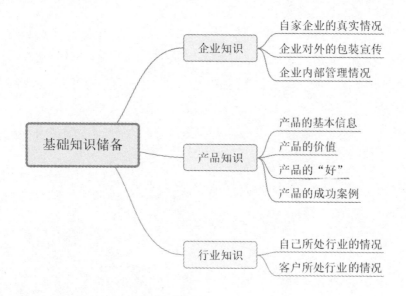

"知己知彼,百战不殆",意思是说,在进行军事作战时,只有对己方和对手有充分的了解,才能立于不败之地。大客户销售也同样适用这一道理。首先是"知己",在大客户销售中,一个合格的销售人员首先应该是一个合格的产品顾问。很多时候,销售人员甚至是以专家的姿态出现在客户面前为客户提供售前支持的,这就需要销售人员对自己的产品、技术方案、业务需求等有较深的知识功底和深刻认知,这样才能更有效地为客户提供服务支持。对于"知彼",这里的"彼"包含了两个对象,分别是竞争对手和目标客户。对竞争对手充分了解,能够在竞争中扬长避短,充分发挥己方的竞争优势;对目标客户充分了解,能够更准确地把握客户,更好地融入客户当中,从而与客户进行更有效的互动,更容易赢得客户的认可和信任。

销售人员在正式开展销售工作前，主要可以从以下几个方面着手进行基础知识的准备。

1. 企业相关情况

销售人员要了解并熟悉自家企业的情况，首先是企业对外的包装宣传。两个陌生人初次见面，都会想摸清对方的来路，与客户打交道同样如此。第一次与客户见面，先让客户对己方有初步的了解，可以有效地破局、打消客户的戒备心理。这就需要销售人员向客户进行自我介绍，主要包含对企业情况的介绍，例如，企业的基本信息、发展历程、企业文化、行业地位、行业优势、经典案例等。这些内容企业内部通常会有现成的模板，销售人员应在熟悉的基础上进一步融会贯通，这样就可以在不同的交流场景中随机应变了。例如，在非正式的场合交流时，可以用口头讲解的方式介绍自己的公司信息，这时需要言简意赅，让对方抓住重点即可；而在正式会议场合时，可能就需要结合视频、PPT等进行相对正规、详细的讲解、介绍。

其次与企业对外的包装宣传相对应的，是企业的真实情况，包括公司的资源背景、竞争实力、市场占有情况、产品所处的梯队、以往的成功案例等。销售人员了解这些是为了对自己企业的情况有一个清醒、客观的认知，而不要被企业过于美好的宣传包装所洗脑，否则会不利于销售工作的开展。

最后是企业内部相关的情况，包括企业的管理制度、工作流程、销售政策、文化氛围等。销售人员作为企业的员工，是在企业的统一管理下开展工作的，同时，销售人员工作的开展也离不开企业的支持。可以说，企业既能为销售人员工作的开展提供有力的支持，同时又可能会对其产生制约。销售人员熟悉企业内部的相关制度、流程、政策、文化等情况，一方面可以避免踩到公司管理上的雷区，避免因与公司的管理产生冲突而使自己的工作陷入被动；另一方面可以在开展工作时更好地发挥企业的资源优势,更好地争取到企业的支持。

2. 产品相关知识

产品相关的知识,可以从以下三个维度进行准备。

(1)产品的基本信息

销售人员要深入了解产品的相关技术知识,包括产品功能、技术原理、工艺、型号系列、品类、技术参数、系统化解决方案等方面的内容。

(2)产品的价值

一个产品之所以存在,是因为其存在价值,而客户决定是否购买产品也正是基于其能否被产品的价值所打动。销售工作的重要内容就是将产品的这种价值传递给客户,从而打动客户,激发客户的采购欲望。销售人员可以尝试从以下几个问题着手,对产品价值相关的内容进行探寻。

① 产品对应的是客户哪一部分的业务?
② 产品解决了客户业务中存在的哪些问题?
③ 产品迎合了客户的哪些需求?
④ 产品能够为客户的业务带来什么样的改进与变革?
⑤ 产品应用后能够达到什么样的效果?
⑥ 产品能够为客户创造出什么价值?
⑦ 客户购买此产品的投入和产出如何?
⑧ 客户为什么会购买这款产品?

这几个问题是销售思维的一种体现,既能促使销售人员站在客户的角度对产品的价值进行一次详细的探寻,同时又相当于指导销售人员进行了一次初步的行业需求调研,可以帮助销售人员快速理解和掌握产品以及行业需求等相关情况。

(3)产品"好"在哪里

这里说的"好",除了指产品真正具有的优势外,更多的是指与竞争产品的差异性。销售人员在与客户交流互动时,通常要努力地将产品的这些差异性作为自己产品的"好"导入给客户，从而在与同类产品的竞争中创造出差异化的产品优势，起到提高竞争对手的门槛作用。销售人员既要有效地向客户介绍自己产品的"好"，又要有能力让客户认可并接受这个"好"。

(4) 经典的成功案例

销售人员还要熟练掌握几个自己产品以往的经典成功案例。能被称为案例的，通常是因为其具有一定的样板示范效应。销售人员应详细地对这些案例进行了解，从中总结并学习当时的成功运作经验，并且要能够以精彩的方式将这些成功的案例讲述出来，特别是这些案例中的特色、亮点、成果、收益等内容，这些都是激发客户兴趣、树立厂商形象、呈现产品优势的有效内容。

3. 行业相关情况

如果说对企业和产品相关情况的了解属于"知己"，那么对行业情况的了解就属于"知彼"了。销售人员首先要了解客户所处行业的情况，如客户的业务情况、所处行业的行业情况、行业动态、行业政策情况、最近的新闻热点等。熟悉这些信息后，销售人员能够更好地融入客户的圈子，以"圈内人"的姿态与客户交流互动，谈论的话题也会更丰富。如果在与客户交流时能够提供一些让客户产生共鸣或对客户有帮助的资讯信息，那么就可以更有效地激发客户的沟通兴趣，加深客户的好感度。同时，熟悉客户的情况一方面能帮助销售人员更好地理解客户的需求，这样在与客户交流时，可以为客户提供更有效的售前支持；另一方面也能帮助销售人员快速了解客户内部情况，方便销售工作的部署与开展。

其次是销售人员自己所处行业的情况，既包括行业的宏观情况，如厂商格局、市场划分、竞争格局、业内动态、国家政策、发展趋势等，同时也包括每个竞争对手的具体情况，如竞争对手的产品情况、市场占有情况、以往的客户案例、销售人员能力等。

销售人员对于这些信息的储备和学习并非一蹴而就，而是需要通过各种渠道持续地收集、过滤、整理，如网络查询、参加行业展会、与业内人士的交流等，同时也需要一个积累的过程。要想进入一个行业，首先要争取融入这个行业的圈子中。初入行的销售人员一开始可能只会接收到一些表面的、碎片化的信息，但通过在行业内的持续深耕，不断拓展信息的渠道范围，就会发现这些行业相关的信息会越来越多、越来越深入。

我公司的销售团队每年都会招若干名应届生作为储备力量，因我公司销售的是复杂项目型产品，对产品相关知识技能的要求较高，因此新人入职后通常会被安排进入售前、售后团队，配合工作一段时间，以便对产品、项目、客户等有一个熟悉的过程。这个周期因人而异，总体上在半年左右。几年下来，我逐渐发现一个现象，新人初入职场大都踌躇满志，恨不得马上干出成绩，尤其是选择做销售工作的，大都思维活跃、不安于现状。因此就会发现，在入职的头几个月，新人们明显会有一个从摩拳擦掌到急躁再到消极不满的转变过程，有的甚至开始怀疑公司是拿销售的岗位骗他们进来做售前或售后的。掌握了这种情况后，解决的办法也很简单，就是定期对入职新人们进行实战模拟考验。我带几个老员工扮演客户，模拟实际与客户打交道的场景，其中不乏一些刁钻的问题。这样做既可以让新人们有一个最起码的与客户打交道的概念，训练销售新人们出去与客户打交道时基本的言行举止，又能够让新人们意识到自己的不足，增加其学习的动力，安抚他们踏下心来服从公司的工作安排。

这里也建议销售新人们进入工作角色后，不要急于出去跑客户，而应先把自己的基本功修炼好。原因很简单，对于大客户销售，单一客户价值高，每一次与客户接触的机会都很宝贵，如果还没有准备充分就出去接触客户，那么很容易会被客户贴上"不专业"的印象标签，甚至会丧失与当前客户深入发展下去的机会，也就是白白浪费了一个客户资源。尤其是对于一些客户目标明确但稀少的销售，更会带来很严重的损失。

第二节
客户开发那些事

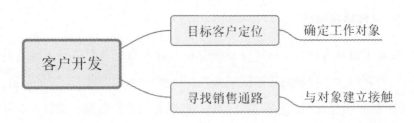

销售人员在经过了一段时间的准备后,就需要真正迈出步伐,正式开始市场的开发与拓展工作了。很多销售新手或刚进入陌生行业的销售人员,对于如何开发市场往往显得一筹莫展,没有清晰的思路。在大客户销售中,对于市场的开发和拓展,本质上主要就是寻找客户、接触客户的过程。首先是寻找客户,即对目标客户进行定位,确定哪些是将要进行销售的目标对象。然后寻求切入点,与目标客户接触,再展开后续一系列的销售工作。

1. 目标客户定位

首先,根据产品定位,对区域内的潜在客户进行搜集和罗列,要尽可能全面地涵盖到所有可能的行业与客户群体,然后进行分析整理。对于不同的产品,客户的范围和数量可能会有很大的不同,有的客户范围覆盖广泛,但有的可能仅仅限定在单一行业。例如,某厂商提供多媒体会议系统产品与解决方案,那么其客户群体的分布就会比较广泛。首先可以列出大的框架标签,如政府机关、国有企业、民营企业、院校、医院、军队等,然后在每个标签下加入搜集到的对应的具体单位,接着对这些客户按照产品需求的强烈程度、接触的难易程度、采购金额等由高到低进行综合排列。这样就初步建立了一个目标客户档案,也确定了下一步将要开展销售工作的目标对象。

对于这些信息的获取,通常企业内部会给予一定的指导,同时,销售人员也要主动搜集,尽可能地拓展商机。

2. 寻找销售通路

确定了目标客户后,下一步就是如何与这些目标客户进行接触。销售通路即与客户建立接触的渠道或切入点,这里总结了以下几个常见渠道。

① 企业既有资源:通常企业会有一些既有的客户资源,销售人员可以向公司争取这些资源。

② 身边资源:通过亲友、同学等社会关系引荐介绍。根据"六度分隔定律",销售人员与目标客户之间最多只隔了六个人,如果运气好或有目标地去寻找的话,可能通过一两个人的介绍就能够与目标客户建立起联系。

③ 老客户引荐介绍:让现有的客户引荐介绍新的客户。

④ 陌生拜访:直接到客户那里上门拜访。

⑤ 营销推广:通过网络推广、广告投放等方式发布企业和产品供应信息,有意向的客户可能会主动寻求咨询。

⑥ 行业活动:通过参加行业展会、行业协会、行业论坛等活动,可以有较多的机会接触到相关的客户资源。

⑦ 网络检索:通过网络检索目标客户信息,通常可以初步了解对方的组织架构、对口部门等情况。有的客户会有公开的联系方式,特别是一些上规模的公司,销售人员可以较为详细地了解到其各类信息。

⑧ 发布的招投标信息:通过以往的招标或中标信息可以了解客户的采购情况、相关负责人,特别是一些总包项目,厂商仍有机会作为二级供应商争取到与总包商的合作,从而获得销售机会。

⑨ 渠道商:通过与第三方合作共同进行市场开发。这些第三方可以是

已经开展了相关业务的，也可以是未开展相关业务但有一定行业资源或市场拓展能力的。

  小王的公司新代理了一个面向政府交通系统的产品，之前没有这方面的业务经验，资源非常有限。小王受命以中部某省为突破点，进行市场的开拓。

  要想开发市场，首先需要和客户建立起接触。因为该对口单位比较封闭，很难直接接触到，于是小王决定从外围切入。首先小王将自己掌握的资源罗列了出来，然后挨个筛选，看有没有哪个资源有与目标客户搭上关系的可能，最终小王想到自己上一家公司的某位老领导正好分管该省市场业务。上一家公司主做某政务信息化产品，交通系统就是其对口客户之一。小王联系了这位老领导，通过老领导引荐的资源，再层层开发，最终与目标客户单位的一位业务分管领导建立了联系。

第三节
客户切入与沟通

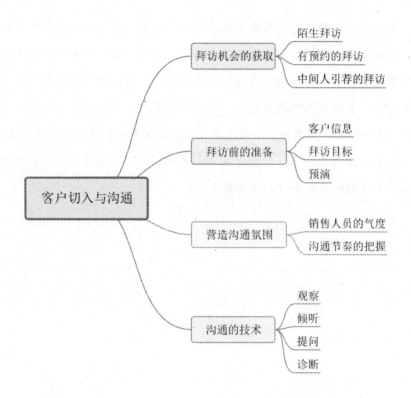

寻求到合适的销售通路后,接下来就要以这些销售通路为突破点,与客户进行实质性的接触了。至此,销售工作算是真正启动。

1. 一切从客户拜访开始

初次拜访客户机会的获取通常有以下三种情况。

（1）陌生拜访

在事先与客户没有联系过的情况下直接登门拜访客户。陌生拜访的优势是可以缩短销售路径，节省开发客户的时间和成本，快速接触到目标客户。在某些行业的销售中，陌生拜访是一种快速积累客户的有效方法。但陌生拜访的劣势也非常明显，因为是在客户没有准备的情况下贸然登门拜访，客户可能会因存在强烈的陌生感而产生较强的戒备心理以及较高的信任壁垒，销售人员很有可能会被客户消极应对，甚至是拒之门外。

在大客户销售中，陌生拜访通常是在没有其他有效切入途径时不得已而为之的方法，属于下策，但这种方式通常又是销售人员无法回避的。在销售过程中，陌生拜访除了应用于客户的初次切入外，在客户内部做销售推进时，也有可能会以陌生拜访的方式拓展客户内部的其他相关人员，因此，陌生拜访也是大客户销售中销售人员需要掌握的一项有用技能。

（2）有预约的拜访

之前与客户有简单的接触，如通过电话、邮件或是在某些场合有过会面，在之前的交流中有登门拜访的约定，或是过后与客户预约了登门拜访。这种情况下销售人员就不用担心会被拒之门外了，同时客户也会对销售人员的来访有所准备。此时销售人员在与客户沟通交流的过程中，如果可以把握好沟通的氛围和节奏，那么通常可以与客户进行一次较为顺畅和深入的交流。

（3）中间人引荐

通过中间人的引荐，与客户建立起联系。这个中间人应该是与客户比较熟悉的人，如客户的亲友、同事、生意伙伴等，这通常是最理想的一种切入客户的方式。在这种情况下，销售人员与客户进行沟通交流时，可以省略掉大部分破冰、消除客户戒备心理的过程，可以快速缩短距离，并进行较为深入的沟通交流，还可以从客户那里得到真实、有价值的信息反馈。

2. 拜访客户前做好准备工作

销售人员在拜访客户前，应做好充分的准备工作，这样在与客户会面时，便可以对会面的过程和氛围进行有效的把握，并且能够从容应对各种局面。同时，充分的事前准备可以有效地增加销售人员的自信心，消除销售人员与客户会面时的紧张情绪，使销售人员能够以自信从容的心态去面对客户。拜访前的准备工作主要包括搜集并分析客户信息、明确拜访目标和预演会面场景三个方面的内容。

（1）客户信息的搜集与分析

首先是拜访对象的个人情况，包括姓名、职务、个人情况（性别、年龄、家庭背景、教育背景、喜好等，越详细越好），其次是客户的业务情况，包括企业规模、企业文化、部门规模、业务情况、行业处境、业务中可能会存在的问题、产品为客户带来的收益点、客户的采购流程、采购习惯、需求情况、以往同类产品的使用情况等。

（2）明确拜访目标

销售人员不会平白无故到客户那里去做拜访，一般是为了达成某些目的才会进行客户拜访的工作，因此，销售人员在进行客户拜访前，应当明确此次拜访的目标。这样，一方面可以指导销售人员更充分、更有针对性地进行拜访前的准备工作，另一方面可以指导销售人员更有目的性和方向性地与客户进行沟通交流，从而提高客户拜访的实效性。

首先，拜访目标会因为拜访对象所处的角色、客户的采购状态等情况的不同而不同。有的只是为了露一面，给客户留个印象，为下一步销售推广做准备；有的是想通过拜访了解客户的采购需求；有的是得知客户已经有了采购计划，希望通过拜访对象切入客户的本次采购中，等等。总之，要根据不同的拜访目标，充分做好拜访前的准备工作。

其次，对于一次拜访通常需要准备多套目标方案，以应对拜访时的实际情况。销售人员可以将拜访目标设定为主要目标和次要目标，然后根据实际情况分别推动目标的达成。如果与拜访对象的交流互动比较顺利,那么可以在达成了主要目标之后再继续推进次要目标。如果交流互动不是很顺利,那么应该以推动主要目标的达成为主,然后根据实际情况推动次要目标的达成。也有可能在交流互动时发现主要目标难以达成,放弃主要目标,选择推动次要目标的达成。

某厂商销售人员小吴得知某企业新建了一条生产线,需要采购一批配套设备。小吴通过电话与技术负责人王工取得联系,约好前往拜访。因为客户确实有采购计划,近期也在进行产品考察,所以会面过程非常顺利。王工向小吴说明了采购计划和大致的需求情况,小吴也详细介绍了自家的产品,王工比较满意(达成主要目标)。在交流接近尾声时,小吴询问王工,他们部门的领导在不在,是否方便拜访一下?因为通过交流,王工认为小吴的产品和厂商实力确实都不错,所以很痛快地就带小吴去见了他们的领导(达成次要目标)。

(3)预演会面场景

销售人员在拜访客户前应对会面时的场景有一个大致的预判,包括如何开场、如何打开话题、如何引导话题、怎样向客户提问,并针对客户可能的态度、客户可能会感兴趣的话题、会面时可能会出现的各种情况等准备好相应的应对方案,以及准备好充足的会面时的话题和谈资。销售人员至少要在心里反复对会面场景进行模拟推演,这样在与客户会面时可以尽可能地从容应对,不至于出现仓促、慌乱、冷场等尴尬场面。

3. 别急着切入主题,有效沟通要先营造氛围

好的交流氛围能够让双方的交流在一个舒适、愉悦、顺畅的气氛中进行,既可以有效地消除客户的戒备心理,拉近销售人员与客户的距离,激发出客户的沟通兴趣,将交流深入开展,又可以让销售人员给客户留下一个良好的印象,为下一阶段的工作打下良好的基础。

营造良好的沟通氛围应注意以下几点。

（1）销售人员自身的气度

在面对客户时，有的销售人员点头哈腰、唯唯诺诺、唯恐客户不满；有的则自信从容、不卑不亢，以一种平和的心态与客户开展互动；还有的是自然而然地散发出亲和力，能够使客户被其吸引。其中，第一种通常是不可取的，但并不少见，这种情况通常出现在销售新手身上。第二种也比较常见，通常是一些有资历、经验比较丰富的销售人员能够做到的。第三种则并不常见，这种状态基本属于高级销售或是老板级别才能达到。

导致这种气度上的差异主要有以下两个原因。

第一是销售人员对自己工作的认知，这种认知决定了销售人员的心态，而心态最终又决定了销售人员面对客户时表现出的态度。有的销售人员认为，销售就是求客户购买自己的产品，在与客户的交流中不自觉地将自己的姿态放得很低，这种心态本身就是错误的。销售人员到底应该对自己的工作有怎样的认知？销售到底是什么？往大了说，销售工作是价值的传递，销售人员是在搭建厂商与客户之间的桥梁和纽带，实现将厂商产品的价值向客户传递。往具体上说，销售人员的作用是帮助客户解决问题、选择更合适的产品、顺利完成采购任务，这就是销售人员的价值所在。虽然在很多情况下，买卖双方处于不对等位置，但从某种意义上讲，双方实质上也是合作的关系。因此，销售人员应对自己的工作有正确的认知，这样才会有良好的心态，从而帮助自己培养良好的气度。

第二是销售人员内在的修养，内在修养决定外在气质。经验不是很丰富的销售新手和经验丰富的销售老手，两者往往通过短暂的交流互动就能很快辨识出来。新手和老手相比，欠缺的一是专业性修养，二是个人素质修养。业务知识欠缺会使销售人员显得缺乏自信和专业性，而个人修为的欠缺表现在谈吐、风度和气质上，会直观影响客户的感观，导致销售新手和老手流露出的气度存在很大差异。销售新手可以通过多向有经验的老手学习，观察模仿其日常举止以及面对客户时的谈吐、姿态等来弥补自己的不足。同时,销售新人也要快速积累自己的业务知识,业务知识丰富会增强销售人员的信心,使销售人员在面对客户时更加专业、从容、自信。

(2)对沟通节奏的把握

良好的沟通节奏可以使沟通更有代入感,可以确保沟通的过程顺畅、清晰、有条理,避免沟通对象产生厌倦感,因此,对沟通节奏的把握也是营造良好沟通氛围的关键。

首先,与客户会面沟通的过程从整体上通常可以分为下表中的5个阶段。

阶段	开场破冰	进入主题	深入沟通	收尾	告辞
占比	5%	40%	40%	10%	5%
内容	寒暄、自报家门、说明来意	产品介绍、背景调研、需求调研等	就产品、需求、采购、行动计划以及客户感兴趣的内容做深入沟通	总结沟通内容,与客户确认,并确认下一步行动计划	感谢接待
目的	消除戒备、建立好感、暖场、代入主题	达成拜访目标		确认沟通成果,为下次拜访留下伏笔	告辞离开

其中"进入主题"与"深入沟通"阶段要注意,不要一直围绕业务进行讨论,可以根据沟通时的实际情况,适当穿插一些活跃气氛的内容,避免使客户产生压迫感,确保双方处在一个较为轻松的沟通状态上。

其次,销售人员也要注意对自身节奏的把握。

① 把握客户的节奏。不同的人会有不同的沟通节奏,同一个人在不同的情境下也会有不同的沟通节奏,这主要取决于沟通对象的性格以及其当时的心情、态度。比如,讲话的语速有快有慢,讨论问题有的直入主题,有的则不断在外围铺垫试探;有的乐于把控沟通节奏,有的则随和、迁就。销售人员要善于把握并匹配客户的沟通节奏,这样可以让客户在沟通过程中感到舒适,更乐于将沟通进行下去。

② 形成良性互动。沟通不是单方面地倾诉，而是双方有来有回地互动，在与客户沟通时，销售人员一方在非必要的情况下，要尽量避免过多出现大段的话语和长篇论述，在交流过程中可以适当地使用停顿、示意等方式带动客户加入互动。同时，在客户讲话时，要给予响应，以示自己在认真地倾听和理解。

③ 快慢穿插。在沟通时，对于一些客户明显不感兴趣、不耐烦的内容，要尽快带过，或是直接跳过。当客户的关注点不在当前内容时，就要尽快带过，过渡到其他内容。如果客户表现出急躁，或是步步逼近，那么可以适当地放慢自己的节奏，让客户缓和下来。当客户对某一问题比较感兴趣时，可以用较慢且肯定的语速给客户进行重点讲解。

④ 恰当的沉默。在沟通过程中恰当地制造沉默有时也会带来不错的效果，可以为客户带来一种暗示，促使客户主动说话，这样销售人员就可以更好地探询其态度和思路了。

4. 沟通中"望、闻、问、切"的四项基础技术

（1）望

望，即观察，会观察客户应该是销售人员的基本功。观察是语言交流之外获取信息的重要方式，有时会获取到更加细微或深层次的有用情报。观察可分为静态观察和动态观察。

① 静态观察主要是对客户的办公环境、衣着、气质等静态信息的观察，举例如下。

客户办公室的装修、布局会透露出客户的个人品位。

办公桌整洁干净的客户通常心思细腻、细致严谨；而办公桌杂乱无章的客户通常性格外向、不拘小节。

客户办公室摆放的字画、摆件，往往反映出客户的性格、理想、追求，或者是客户希望让别人认为他是这样的。

客户办公室摆放有奖杯、合影、纪念品的，销售人员可以借此开启一个不错的话题。

客户的着装是否整洁、是正装还是休闲装以及穿衣的风格等都会透露出客户的性格、品位等信息。

② 动态观察主要是在面见客户时，观察客户语言之外的表达方式，包括手势、姿态、语气、表情等。这些身体语言往往是客户真实情绪的表露，通过这些动态的观察，销售人员有时可以捕捉到一些更为微妙的信息，举例如下。

客户在讲到一件事情时，做出握拳锤击桌面的手势，说明这件事情很可能是客户非常重视或非常不满意的。

销售人员在向客户询问一个关键问题时，客户略有停顿或做思考状之后才继续讲话，说明客户可能有所保留，或有所顾虑。

在会面时，如果客户的坐姿比较随意，那说明客户可能不太重视这次交流，或客户处于较放松的状态；如果客户坐姿端正，那说明客户可能比较重视此次交流，同时精神也处于比较集中的状态。

在销售人员讲述内容时，如果客户注意力明显分散，做一些散漫、不相干的动作，或是皱起眉头，那么应该是客户对讲解内容不感兴趣，甚至不耐烦。如果客户目光一直跟随销售人员的动作，认真倾听，时而陷入思考的状态，那么应该是客户对讲述的内容产生了兴趣，或是被打动。如果销售人员能够猜到此时客户所思考的内容，并进行回应，那么会更容易引起客户的关注，激发沟通兴致。

（2）闻

闻，即有效地倾听。在与客户沟通交流的过程中，有效地倾听可以采集到更多有价值的信息，更好地理解客户并使客户感受到被尊重。有观点认为，在与客户的交流中，客户和销售人员的发言比例在 80:20 是比较理想的状态。也就是说，销售人员有 80% 的时间是在倾听客户所讲的内容，由此可见倾听的重要性。

首先，在倾听时不要打断客户，即使已经理解了客户的意思，或是不认可客户所讲的内容，也要等客户讲完，再做出回应。

其次，倾听时要给予客户反馈，让客户知道你在用心听。在客户讲话时，身体可以向客户微微倾斜，目光注视客户，随着客户讲话的内容点头或用声音响应。

最后，应放空立场，不要预设判断。有的销售人员在有了一定的客户经验以后，与客户沟通时，往往客户刚说前两句话，他就能大概猜测出客户接下来要说的内容了。因此，就想当然地认为客户表达的就是自己所想的，或者是在与客户沟通前就认为客户一定会存在某些想法，这样就使得销售人员不能客观地对客户表达出来的内容进行分析，而只是从客户表达的内容中筛选出支持自己预设观点的证据。这些都会导致在交流的过程中销售人员不能完整地理解客户的意思，有时甚至会误解客户的想法。

（3）问

问，即在与客户交流时有效地提问。在与客户交流的过程中，提问是收集信息、激发客户兴趣、引导客户思路、打开话题、引导交流方向的有效方式。

① 在与客户交流的过程中，应避免因提问而让客户感到压力，甚至反感。

第一，应注意自己在提出问题时的语气、态度、语速等，应该以让客户感到舒适的方式向其发问。比如，想了解某个业务的情况，可以用请教的态度向客户提问，在提问时面带温和的笑容，并且要保持适中的语速。

第二，把握好提问的频率，尽量避免连续提问。连续发问容易给客户以咄咄逼人的感觉，引起客户反感。可以在提出一个问题后，围绕这个问题做一些讨论，再聊一些其他的轻松话题，然后迂回地引出接下来的问题。

第三，适当使用铺垫。在提出问题前，可以事先做一些围绕这个问题的铺垫，然后引出问题，如介绍问题产生的原因，为什么会提出这样的问题等。例如，销售人员想向客户询问某个需求的技术细节，可以这样说："因为我们的产品目前分为几个系列，每个系列针对的需求点不太一样，特别是某某功能，有的客户是某某情况，我们会推荐给他 A 型号产品，而有的是某某情况，我们 B 型号的产品更适合。不知贵公司这边是什么情况？还请您介绍一下，以便我们能选一个最适合的产品方案。"

② 提问的问题可以分成三种类型，分别是开放型问题、封闭型问题、确认型问题。每种问题有不同的提问效果和作用，熟练利用这三种类型的问题，可以在与客户的沟通中起到很好的效果。

a. 开放型问题：发散的、无明确指向、不需要客户做针对性回答的问题，举例如下。

"这个问题您怎么看？"

"最近工作怎么样？"

"对于我们的方案您有什么意见？"

开放型问题不具备压迫感，可以让客户有发挥的空间以展现专业知识、表达观点或抒发感情。通常开放型问题用于开场的暖场、活跃氛围、打开话题。

b. 封闭型问题：又称为控制型问题，顾名思义，是指有明确指向、可以限定沟通内容、需要客户明确作答的问题，举例如下。

"下周几您有空？我到您那里拜访一下。"

"预算怎么样，这个月能批下来吗？"

"我们的报价您感觉可以吗？"

封闭型问题可以限制客户的思路和沟通方向，通常在探寻特定信息时使用。在使用封闭型问题时要注意，可能会给客户带来压迫感，应注意使用的时机和方式。

c. 确认型问题：可以认为是封闭型问题的一种，但是客户对于确认型问题的回答通常被限定在"是"与"否""对"或"错"等内容上，举例如下。

"这样的话，我们的方案还要再调整一下，对吧？"

"刚才您说的意思是……对吗？"

"按照您的意思，我这里只需要按照……这样的方式来做就可以了，不知我这样理解对不对？"

"听说咱们的采购预算已经报批了？"

在与客户沟通交流的过程中，确认型问题主要用于对客户表达的内容进行总结和确认，以及向客户进行某些信息的求证。这类问题既可以让客户感到销售人员对其所表达内容的回应，又可以消除沟通中存在的误解，还可以搜集销售人员需要确认的信息内容。

（4）切

切，指在与客户沟通交流的过程中，要注意对客户表达的内容进行分析和诊断。有的时候，客户所表达的内容往往不只是表面上理解的意思，很可能会有更深层次的内涵。销售人员如果能够及时捕捉到这些深层次的信息，那么既能够更好地理解客户，对客户做出有效响应，又能够在与客户的沟通交流中获取到更丰富的信息。

首先是客户之所以表达这些内容的内在原因，即客户为什么会这么说、这么想。比如，在沟通时，客户提到了与产品相关的非常专业的一项技术参数，那么很可能是客户已经对产品做了深入调研，或是已经有竞争对手给客户做过培训；客户反复向销售人员确认售后的相关问题，那么有可能是因为客户对之前的合作厂商的售后服务不太满意。

其次是客户所表达的内容的深层次内涵，即人们常说的"话里有话"。比如，客户表示采购时虽然产品的性能很重要，但其对性价比也很重视，那么可能是客户希望厂商能够在价格上做出让步；某中层领导表示这件事要考虑一下再给答复，那么可能是他个人做不了主，需要向上级领导请示。

在与客户的沟通交流中，如果销售人员能够及时地捕捉到客户所表达的更深层次的原因或内涵，并做出有效回应，与客户的交流就能更富有成效。但是同时也要注意，在与客户沟通交流时，这种"切"的行为应该是自然而然的，而不能表现出对客户的猜测、揣摩，这样很容易使客户产生反感和戒备的心理。

第四节
两个有用的小工具

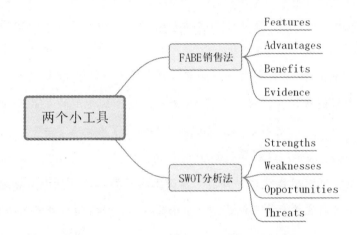

1.FABE 销售法

FABE 销售法是一种逻辑清晰、操作性强、以客户收益为导向的推销方法。该方法将产品介绍的过程分为层层递进的四个步骤，分别是产品的基本属性（Features）、产品的优势和特点（Advantages）、客户收益（Benefits）以及举证（Evidence）。FABE 销售法为销售人员提供了一种思路和方法，当销售人员需要向客户进行产品的推介时，可以借鉴该思路方法，从而在做产品推介时，条理清晰、指向明确，更容易让客户理解和接受。

① 产品的基本属性：介绍产品的基本属性特征，应重点突出自己产品所独有的、与竞争对手相比能够形成竞争优势的属性内容。

② 产品的优势和特点：产品的基本属性所带来的产品的功能、作用、

特点。

③ 客户的收益：产品的优势和特点能为客户解决的问题以及能为客户带来的收益。

④ 举证：提供有说服力的佐证，进一步强化以上所介绍的内容。

某企业计划采购一批笔记本电脑，配发给跑外的员工。某品牌电脑代理商的销售人员前往拜访客户，在初步了解了客户的需求意向后，为客户推荐了一款产品。该销售人员利用FABE销售法向客户作产品介绍的过程如下。

① Features：这是我们公司今年最新推出的一款商务笔记本电脑，这款电脑采用超薄设计，厚度只有16毫米，处理器使用的是最新的超低功耗CPU。同时，在这些基础上，这款产品加大了电池容量。

② Advantages：这样的设计使这款电脑既轻巧、便携，又在保证性能的前提下，可以超长续航。目前，市面上的同类产品待机都不会超过6个小时，而我们这款产品可以达到8个小时待机，非常适合商务人士使用。

③ Benefits：贵公司如果选购这款电脑，性能在几年内都可以保证，外出携带也非常方便，同时续航也给力，短时间出去见客户，即使不带电源线，也不用担心电量的问题。

④ Evidence：上个月咱们市的A公司和B公司刚从我这里订了一批，专门配发给他们市场部的员工使用，员工使用后都非常喜欢。目前，在企业客户中，我们这款产品的销量也是遥遥领先的。

应用FABE销售法时需要注意以下几个问题。

① 应用FABE销售法时不必按照四个步骤生搬硬套，应根据情景灵活应用。这四个步骤本质上就是"产品是什么—产品能干什么—能为客户带来什么—举证证明"，在实际应用中，既可以按照F、A、B、E的顺序应用，又可以是B、F、A、E，E、B、F、A。总之，总体原则是通过这样的层次结构，既能够使产品的介绍围绕客户关心的问题展开，又能够使内容富有条理和层次感。

② 在使用 FABE 销售法时，要事先对客户的业务和需求有一定的了解，这个了解可以建立在事先的沟通或销售人员的行业经验上。因此，也有对 FABE 的改良，称为 NFABE，其中 N（Need）代表"需求"，即在进行 FABE 推介前，要对客户的需求有所了解。当对客户情况还不是太熟悉时，如果利用 FABE 销售法向客户呈现产品或方案，F、A、B 的内容宜宽泛，不宜过于精细，避免过于精细却偏离了客户的关注点。这种情况下应以激发客户的兴趣为目的，如果客户感兴趣，自然会主动进一步地了解。

③ 利用此方法既可以作产品的整体性介绍，又可以作产品的某个具体功能等局部内容的介绍与呈现。

④ 用此方法与客户交流时，应避免向客户灌输式地讲解，一次性将 F、A、B、E 的内容全部灌输给客户。在讲解的过程中应注意观察客户的反应，适当调整节奏，如果不注意客户节奏而自顾自地向客户进行灌输，很可能会引起客户的不耐烦，甚至是反感情绪。

2.SWOT 分析法

SWOT 分析法又称态势分析法，是一种用来分析自身在竞争中的优势（Strengths）、劣势（Weaknesses）、机会（Opportunities）和威胁（Threats），

即对自身所处态势进行分析的方法。SWOT分析基于自身既有条件和外部情况进行综合分析，分析的结论可以为决策提供参考与指导。SWOT分析法提供了一种对当前态势进行分析的方法和思路，该方法多用于企业、行业的战略分析与决策，但在大客户销售中也可以借鉴这种方法和思路，帮助销售人员在竞争中厘清态势，为销售工作的部署与开展提供辅助参考。

销售人员通过与客户的接触以及其他各种渠道，搜集了解到与当前客户销售相关的各类有价值的信息，利用这些信息便可以进行一次SWOT分析。

（1）优势与劣势分析（SW）

详细汇总自己和竞争对手之间所有可能影响销售结果的条件，并进行比较，如企业层面的企业实力、资质、成功案例、在当地的品牌影响力等，产品层面的功能、技术参数、解决方案、报价、售后服务等，客户资源层面的客情关系、介入的时机、高层关系、外围影响力等各方面资源的情况。从多个层面综合比较，找到自身的优势和劣势，在接下来的工作开展中发挥优势，弥补和规避自身的劣势，以及避免自身劣势被竞争对手所利用。

（2）机会与威胁分析（OT）

结合SW分析中得到的自身优势和劣势，分析在本次客户销售中可能存在的机会以及威胁。这里的机会既包括宏观上客户采购与否的不确定性，又包括存在于每个具体环节中的突破点。同样，威胁除了来自竞争对手方面的竞争优势所导致的不利因素，还包括存在于客户方面的因各种不确定因素带来的风险和不确定性。

在作SWOT分析时，需要注意以下几点。

① 不能夸大自身的优势或是对自身的不足过于悲观，也不能放大竞争对手的优势或不足，应立足于客观、理性，否则分析结果不但起不到作用，还容易造成误导。

② 分析应建立在所掌握信息的真实性和可靠性的基础上，否则同样可能会产生错误的分析结果，从而得出误导性的结论。

③ SWOT 分析是动态的，随着工作开展的不断深入，获取到的信息会越来越丰富，态势也可能会随着时间的推移而演变。因此，SWOT 分析要随着销售的深入而不断更新输入条件，对 SWOT 模型进行调整，以获取更真实、准确的分析结果。

第五节
拒绝盲目，准确评估销售机会与客户价值

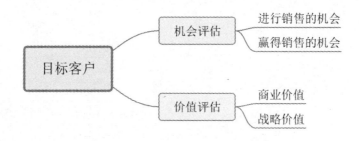

对于大客户销售来讲，每个销售机会都是宝贵的，但同时，也并不是每个销售机会都值得销售人员去全力投入。首先，销售人员在开展销售工作时不会只跟进一个客户，在一个时期内可能会同时跟进处于不同销售阶段的多个客户，这就涉及资源的协调与分配问题。对于现有客户进行准确的销售机会评估，然后根据实际情况确定销售资源的分配方案，这样才能够保证销售资源的最优化配置。

对于存在销售机会的客户，还要考虑客户的价值。从投入产出的角度来看，销售人员针对一个项目投入的是时间、精力、费用，以及厂商的各项成本等资源，产出的是厂商的营业收入和销售人员的个人业绩收入，这便是客户价值的所在。如果客户的价值不能覆盖销售人员投入的资源成本，或者是销售人员因此错失了其他更有价值的机会，那么，这样的销售都是不成功的。

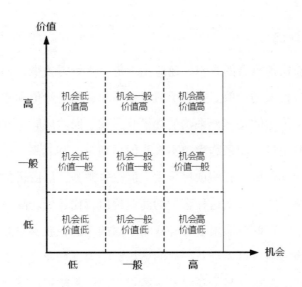

因此，对于一个新的客户、一次新的销售机会，销售人员首先应该从机会和价值两个维度对其进行综合评估，然后根据情况确定后续针对此客户、此销售机会的工作开展计划。

1. 机会评估

销售人员首先要评估某一客户是否存在销售机会，这主要取决于客户自身因素，即这个客户是否会有采购计划，是否具有开发需求、推动采购的潜力，以及己方是否有能力提供满足客户需求的产品。如果客户根本就没有这方面产品的使用需求，或即便有了需求，但短期内不具备采购条件，那么当前的销售机会为零，只能对该客户进行长期跟踪，等待转机。其次要评估是否存在赢的机会，这主要取决于竞争情况。例如，在介入的时机上，当己方介入时，发现客户已经在准备招标了，并且各项采购标准都是为其他厂商量身定做的，那么这种情况下赢的机会就比较渺茫，即在该客户这里基本不存在销售机会。但如果己方介入时，发现其他厂商也是刚与客户建立起联系，客户还没有产生明显的倾向，那么大家基本处于同一起跑线上，这种情况下就存在赢的机会，即在该客户这里是存在销售机会的。

2. 价值评估

对于存在销售机会的客户，还应当考虑是否值得去做，即该客户是否存在进行资源投入的价值。客户价值主要体现在商业价值和战略价值两个方面。商业价值指的是客户采购的规模、周期、回款风险、利润率等。比如，有的采购项目可能采购规模不大，但周期短、利润高，这样的项目就具有较高的商业价值；有的项目虽大，但竞争激烈，厂商拼价格导致利润率被压缩得很厉害，那么这种客户的商业价值就比较低。战略价值指的是在某些项目上，厂商可能出于某种战略层面的考虑，放弃对商业价值的追求。比如，当前项目可能会对厂商的市场影响力、行业竞争态势、中长期规划等方面产生影响；某个项目虽然客户当前的采购规模不大，但客户会长期地采购，因此，尽早占领此客户就具有一定的战略意义。再如，拿下某区域的订单可以填补厂商在该区域的市场空白，在当地树立起样板项目，这也具有较强的战略意义。

客户价值是商业价值和战略价值综合作用的结果。高商业价值、高战略价值的属于最优，厂商应全力争取；高商业价值、低战略价值和低商业价值、高战略价值的属于次优，厂商应酌情考虑；而低商业价值、低战略价值的则基本属于鸡肋，通常厂商和销售人员应当将主要资源转投到其他更有价值的销售机会上。

对于一个客户应该做怎样的资源投入，是机会和价值两个方面综合评估后决定的。销售人员通过先期与客户的接触，对情况有了一定的了解后，就可以针对该客户进行机会与价值的综合评估了。然后根据评估结果确定对目标客户的销售跟进计划，从而确保可以更合理地分配资源，有序地开展工作，以达成最终收益的最大化。

第六节
客户关系升级，由浅入深、从开始到结束

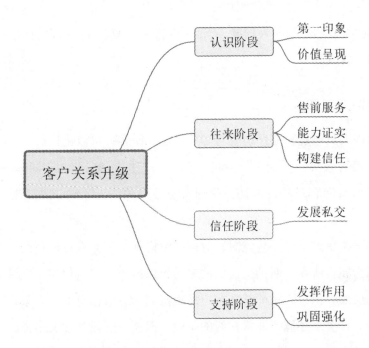

在理想的市场环境下，客户关系应该是单纯、对等、透明的，买卖双方仅仅围绕着业务需求、产品方案、产品服务这些内容开展互动，客户对于销售人员的评判也仅限于其所代表的厂商和产品的实力以及服务能力。但在现实中并非如此，客户关系往往会掺杂诸多额外的内容。

大客户销售工作的开展，是与客户单位中具体的人打交道的过程，这样就不可避免地会受到个人情感因素的影响。与日常生活中的人际交往相同，销售人员在与客户打交道的过程当中，同样会存在人际关系处理的问题。客户对待销售人员的方式和态度，很大程度上会受到双方之间人际关

系情况的影响，并且在很多情况下，人际关系甚至会起到至关重要的作用。

因此，销售人员在开展销售工作的过程中，处理客户关系是一项重要的工作内容。销售人员应积极推动与客户关系的深入发展，与客户结成紧密的关系，这样才能得到客户真心的支持和帮助，确保销售工作顺利开展。

升级客户关系的工作通常从确定目标客户、与客户进行接触时就要准备，并且会持续贯穿于整个销售进程。

按照发展顺序和深入程度，通常可以将客户关系分为认识、往来、信任、支持四个阶段。

1. 认识阶段

销售人员通过初期拜访时与客户接触，使客户可以记住销售人员的身份，对销售人员、厂商和厂商的产品有一定的印象，有需要时，销售人员可以再次向客户预约拜访。这通常是客户关系处于认识阶段时的常规状态。

客户关系处于这一阶段时，对推进销售基本不会有任何帮助。客户可能会因为职责所在，对销售人员的来访予以接待，但也仅仅是停留在公事公办的层面，销售人员能够从客户那里得到的有效信息非常有限，因此，此时的客户关系还属于非常初级的阶段。但这一阶段往往又是推进客户关系发展的入口和必经过程，因此，此阶段的客户关系对推进销售虽然不会起到帮助作用，但对后续客户关系的持续推进和发展却非常重要，只有先做好这一阶段的工作，才能为后续的工作开展打下良好基础。在这一阶段主要有两个关键动作需要把握，分别是第一印象和初步的价值展示。

（1）第一印象

销售人员与客户初次接触时，客户会根据销售人员的表现和呈现给客户的信息，对销售人员以及销售人员所代表的厂商和产品进行初步的评判，根据评判的结果形成客户对销售人员、厂商、产品的初步印象。有研究表明，销售人员与客户接触的最初 30 秒，可以直接决定接下来客户对待销售人员的态度。这种说法虽然略显夸张,但也确实说明了第一印象对建立客户关系的重要性。良好的第一印象,可以培养和激发出客户与销售人员持续接触的兴趣;而不好的第一印象,则可能会打消客户与销售人员沟通的兴趣,甚至导致客户对销售人员产生厌烦、抵触、防备的情绪,这样就会给后续工作的开展造成障碍。在很多失败的销售案例中,客户所拒绝的并不一定是厂商的产品,而很可能是销售人员。

在进行客户拜访时,初次会面的前几分钟,开场虽然至关重要,但第一印象的塑造贯穿于整个初次会面的过程。初次会面的开局所形成的第一印象,会影响本次会面中后面的交流和互动,但后续的交流互动同样也可以弥补、修正或重塑客户之前的判断。因此,这里所说的第一印象,更多的是指销售人员在初次与客户会面的整个过程中,客户对销售人员及其所代表的厂商、产品的评判,即留给客户的印象。

无论是面向个人(B2B)的销售还是面向大客户(B2C)的销售,都要求销售人员给客户留下良好的第一印象。但相对于面向个人的销售,大客户销售中的第一印象所包含的内容更为广泛,也更为复杂。

首先是在销售人员个体层面上,包括销售人员的外在和内在两个方面。外在包括销售人员的仪容仪表、气质态度、言谈举止等可以被客户直接观察到的内容,这一部分属于商务礼仪范畴,销售人员可以通过有意识地学习来培养。内在主要是指销售人员的个人素养,对应的是销售人员所表现出来的风度、学识、专业性、心态、服务意识等需要通过交流互动才能让客户感受到的内容,这些则需要销售人员通过持续不断地加强自身内在的修炼,提升自身素养、提升专业水准、端正自身职业态度来实现。

其次是在厂商与产品层面上。销售人员与客户初次会面时,客户除了会对销售人员进行第一印象的评判外,还会对销售人员所代表的厂商及其产品进行评判,这些评判的内容会使客户形成对厂商的整体印象,包括厂商的整体实力、以往的成功案例、产品的性能和质量、性价比、市场口碑、品牌形象等内容。关于这一部分,销售人员在与客户会面前要做好充分准备，在与客户会面时，为客户呈现出满意的内容，争取得到客户的认可，给客户留下一个良好而深刻的印象。

对于第一印象其实非常好理解，想象一下，面对两个向自己推销产品的人：

衣着上一个不修边幅、穿着随意，一个西装革履、简单大方；

气质上一个唯唯诺诺、谨小慎微，一个从容自信、中气十足；

言行上一个信口开河、满嘴大话，一个沉着稳重、言必有中。

不需要同时有以上的情况，只要有一个这样的对比，那么哪一个会给你留下更好的印象，你更愿意倾向于信任哪一个人呢？答案应该是十分明显的。

（2）价值呈现

与日常生活中的人际交往不同，在大客户销售中，销售人员与客户之间的关系往来具有明显的目的性和更强烈的利益驱动性。从销售人员的角度看，其之所以主动与客户建立联系并努力博取客户的好感，目的在于促成交易，从中赚取利润。从客户的角度看，其之所以接纳销售人员，是因为销售人员及其所代表的厂商和产品能解决其现有问题，满足其各方面诉求，为其带来满意收益。双方都是为了从合作中获益，才建立起这样的往来关系，因此，从客户的角度来讲，只有销售人员及其所代表的厂商和产品对客户而言是有足够价值的，这样才能为客户所接纳，客户才会认为值得与其进行接触。

因此，单纯凭借留给客户的好印象，通常来讲并不足以支撑后续与客户关系的进一步发展。在处于认识阶段时，销售人员还应该充分向客户呈现自身价值，使客户相信销售人员以及其所代表的厂商和产品是有价值的，是有合作潜力、值得继续接触下去的。

同时需要注意的是，此时所进行的仅是初步的价值展示，因为在这一阶段，销售人员对客户及其采购背景都不熟悉，对客户的诉求点、关注点也并不十分了解,因此,此时的价值展示宜"泛"不宜"专",宜"广"不宜"深",即应该尽量全面、全方位地向客户进行价值的展示,以求有能够"击中"客户的内容。展示的内容不宜过于深入,同样是因为此时双方还不是十分熟悉。如果过于深入地向客户展示这些内容,一方面容易使客户产生突兀感,另一方面可能会因为与客户的主要诉求点和关注点存在偏差,而起不到应有的作用。

在这一阶段,从客户的角度来看,客户对厂商、销售人员更多是持考察的态度,既有对销售人员个人的考察,又有对销售人员所代表的厂商和产品的考察。客户通过考察得出的结论,极大程度上决定了其对销售人员的接纳程度,以及后续的应对态度和方式。销售人员应注意把握好初次与客户接触的机会,给客户留下一个良好的第一印象,向客户充分展示自身的实力和价值,从而为后续客户关系的深入发展营造良好开局,打下坚实基础。

2. 往来阶段

销售人员在认识阶段通过了客户的初步考察之后,客户会进一步向销售人员开放,客户关系会得到进一步的升级,进入往来关系阶段。在这一关系阶段,厂商在一定程度上参与到了客户的采购工作中,销售人员已经能够比认识阶段更深入地与客户沟通交流,能够较为详细地了解客户的业务背景、需求情况等信息,能够与客户进行产品与需求上的交流互动,能够为客户提供一定的售前服务来响应客户的采购工作。此时可以认为,厂商可以对客户的采购决策产生一定程度的影响。但是,这一阶段的关系状态还并不足以保障厂商能够赢得客户,因为此时厂商并没有真正得到客户的支持,更不会得到客户的帮助。此时双方仍处在公对公业务往来的关系层面上,当有竞争对手存在时,当前的销售机会就可能会受到其他竞争对手的威胁和搅局。即使不存在竞争对手,在这种客户关系状态下,销售人员通常也没有能力对客户的采购工作施加足够的影响,此时的销售工作仍处于较为被动的局面。在这一客户关系阶段，销售人员应以继续推动客户关系深入发展为目标，并注意做好以下三个方面的工作。

（1）售前服务

在这一阶段，销售人员可以较为实质性地参与到客户的采购中。此时销售人员首先应该做的是对客户的需求有深入理解和准确把握，并且能够针对客户的需求给出有效的反馈。销售人员所提供的产品解决方案要能够切实地满足客户的需求，真正帮助客户解决问题，达到并超越客户的期望，从而在产品层面上打动客户，这也是自身产品实力和产品价值的一种展现。

同时，从客户的角度出发，客户在正式采购前的筹备阶段，会面临诸多工作内容，承担着一定的工作压力和决策压力。客户也会希望能够从厂商那里得到支持和服务，从而解决采购前所面临的各方面问题，理顺采购思路，顺利完成采购前的一系列工作内容。

真正响应客户需求，为客户提供优质的产品和解决方案，帮助客户解决实际问题，使客户有一个良好的购前体验，是销售工作的重要内容。如果做不到这一点，自然也无法得到客户的认可。而良好的售前支持和服务，是进一步博取客户好感、获得客户认同，甚至获取客户依赖的有效途径。

（2）能力证实

在认识阶段，销售人员通过向客户进行价值的呈现而激发客户的合作兴趣，得到客户的接纳。在往来阶段，客户则会通过不断地考察而进行价值的评估与验证，如会评估销售人员所呈现的价值点是否是真实的，这些所谓的价值是否是自身所需要的，会考察销售人员是否具备满足其诉求、为其带来预期收益的能力等。只有满足这些条件，客户才会真正认可这些"价值"。在这一阶段，销售人员需要做好能力证实的工作，配合客户的评估与考察，向客户充分展示己方的能力，帮助客户对己方的价值进行验证。

首先是对主动向客户呈现的价值内容的验证，即验证主动向客户呈现的这些价值点，是否确实有能力实现、是否确实可以达成，举例如下。

在认识阶段向客户做产品推介时，介绍了通过对本产品的应用，客户可以减少某类原材料的消耗，那么此阶段可以向客户提供翔实的数据和佐证，如以往的成功案例、权威机构的检测认证等。

在认识阶段与客户交流时，向客户承诺了项目建成后可以帮助客户获取某项殊荣，如可以申请到某个国家奖项，可以邀请到高级别领导现场参观或剪彩等，那么在这一阶段就要向客户展示己方所掌握的可以达成这些目标的资源、具体的操作方式以及邀请相关的第三方出面进行担保等。

其次是满足客户需求的能力。客户会基于其业务需求、采购工作需要等原因主动提出各类需求，对这类需求的满足能力可能会成为客户价值判断的重要内容。销售人员此时应着重于这方面能力的证实，举例如下。

客户因为其业务原因，需要产品实现某一特殊功能，或是达到某一特殊指标，但此时产品不具备该功能或指标，那么销售人员可以向自己公司内部争取，在客户的产品试用或考察期间实现该功能或指标。如果不能在这期间实现，也应该向客户做出可以实现的承诺，并为客户设计包括技术细节和技术手段等详细的实现方案。

某系统产品与客户的核心业务紧密相关，因此，客户对厂商的售后服务能力非常看重，要求厂商保证，系统发生问题时能够快速响应并进行处理。此时厂商应该为客户设计出可行的系统运行保障机制和应急处理机制，以及售后服务保障承诺，使客户相信产品投入使用后，售后服务能够得到可靠的保障，不会影响到其核心业务的运转。

不难看出，这里所说的"能力"，主要指的是为客户解决问题、创造收益的"能力"。站在客户收益的角度看，可以从以下三个层面对能力证实进行理解。

① 产品满足客户业务需要的能力。比如，产品的功能是否符合其业务需要，产品的性能是否达到预期指标，产品的应用是否确实可以解决其现

有业务问题、是否有能力达到预期成效等。

② 本次产品的采购和应用可为客户带来收益的能力。这里也可以从两个层面进行理解。

首先是为客户组织带来的收益，如提高客户的整体业务效率、降低生产成本、提高客户的行业竞争能力、提升管理水准、提高产品使用部门在其单位的地位、提升企业的社会形象等。

其次是为客户个人带来的收益，如产品的应用使其处理工作更便捷；使相关人员得到了荣誉嘉奖；项目建设使客户单位业务做出调整，从而提升或巩固了相关人员的地位等。

③ 销售人员及其所代表的厂商的能力可为客户带来的收益。此时双方更类似于利益的交换，销售人员利用其手中所掌握的资源，可以为客户带来额外的收益，从而与客户达成资源乃至利益上的交换。比如，厂商可以提供垫资建设，解决客户的资金周转问题；厂商可以提供业务技能的培训，提升客户相关的业务水准；厂商可以介绍市场资源，帮助客户开拓更多客户。

（3）构建信任

大客户销售中的信任，可以理解为是买卖双方的一种关系状态。当双方处于这种关系状态下时，信任一方（客户）会在潜意识中对被信任一方（厂商和销售人员）形成一种依赖状态，从而愿意将自己的想法和诉求等展现给对方，并且认为可以通过对方来实现自己的这些想法和诉求。

因此，在大客户销售中，如果利益是联结买卖双方的纽带，那么信任则是这条纽带得以紧密和牢固的前置条件。能否与客户构建起信任关系，会直接影响到与客户的关系能否深入发展，从而会直接对后续的销售进程乃至最终的销售结果产生重要影响。在往来阶段，买卖双方之间开始有了较多和较为深入的接触，客户也在这一阶段开始对厂商进行深入的考察和评估，这一阶段是构建客户信任的合适时机。客户信任的构建通常包含以下三个层面的内容。

① 在能力层面构建客户的信任，即让客户对厂商的能力足够信任，客户采购工作的目标是成功采购到合适的产品，这通常也是客户采购工作的主要决策风险所在。因此，客户对于产品的评估情况会对其采购决策产生直接的影响，客户只有先对厂商的产品能力和服务能力产生了充分的认可，对产品充分地信任，才愿意在此基础上进一步与厂商进行更深入的接触，销售人员才能有机会推动与客户关系的深入发展，否则，任何工作都不会有太大的意义。客户考察的产品能力不仅包括解决方案的设计、产品功能与性能、在同类产品中的优势和地位以及性价比等，在广义上还包括厂商的品牌形象、资质荣誉、行业地位、成功案例等。这些都是客户会关注的内容，都会对客户信任的构建起到重要的影响作用。

② 在服务意识层面构建客户的信任。厂商的服务意识表现在其对待客户的态度和具体的表现上，从客户的角度，对此会有非常直观的感受，会直接影响到客户对厂商和销售人员的信任程度。较差的服务意识，可能会使客户产生被怠慢、不配合、厂商只注重自身利益而不注重客户利益等感受。如果客户对厂商产生了这样的印象，那么自然会对双方的合作产生顾虑。而良好的服务意识，一方面可以使客户相信厂商和销售人员对自己是重视的、是认真对待的；另一方面可以使客户相信厂商是真正从客户利益的角度出发、是真正能够帮助到客户的，这样，客户才会有信心与其发展合作关系。

③ 在销售人员个人层面构建起客户的信任。厂商开展销售工作的过程，主要是销售人员代表厂商与客户方面相关人员打交道的过程。在人际交往中，人们更愿意与自己信任的人打交道，愿意与其沟通、交流、分享，在大客户销售中同样如此。客户在与销售人员打交道的过程中，也会对销售人员进行考察和评判，从而得出销售人员的可信程度，进而得出销售人员是否具备与客户进行良好、深入的交流互动以及将客户关系更深入发展的能力。

关于销售人员个人层面上的信任的构建，销售人员应该做好以下三个方面的工作。

① 做好能力证实工作。积极响应客户的需求和关注点,充分向客户展示并证实己方的价值,在自身能力层面得到客户的信任,使客户相信销售人员是有能力支持其完成当前采购、能够帮助其获取收益、达成愿景的。

② 充分培养服务意识,做好售前服务工作。厂商和销售人员应树立起自身利益的实现是以帮助客户实现利益为前提的这种意识。在开展销售工作时,为客户提供良好的售前支持和服务,真正从客户利益的角度出发,配合客户采购工作的开展,从而使客户相信销售人员和厂商对待当前的采购是足够重视和认真对待的,并且是能够真正从客户的角度出发、真正为客户的利益考虑的,使客户相信与厂商的合作是有保障的、是可以放心合作的。

③ 培养良好的职业素养和个人素养。销售人员具备良好的职业素养和个人素养,在与客户打交道的过程中,可以向客户传递出专业、负责、诚信、友好等正面信号,使客户对其建立起正面的印象。这些通常都是赢得客户对销售人员个人信任的必要条件。

以上为开展销售工作时,客户关系处于往来关系阶段时的主要工作内容。通常销售人员在开展工作时可以较为容易地进入往来关系阶段,但是对于大多数不成功的销售案例,通常也仅仅止步于这一阶段。因此,销售人员在该阶段中工作的开展就显得尤为重要。销售人员既要巩固这一阶段的工作成果,又要以此为基础,进一步推进客户关系的深入发展。

3. 信任阶段

如果销售人员在以上两个客户关系阶段的工作开展顺利的话,那么双方的关系应该会得到稳定的升级发展,进入信任关系阶段。此时可以认为厂商当前工作的开展方向和方法是正确和有成效的,买卖双方已经具备了较为紧密的关系,客户会在一定程度上将自己的采购目标和诉求寄托于对方来实现。因此,客户会乐于与厂商进行深入的沟通和交流,将自己的真实想法告知对方。对于厂商所提供的各种合理化建议，客户也会积极参与评估并予以接纳，即厂商可以对客户的采购决策产生较深入的影响。

首先销售人员应该对客户的信任情况有准确的评估，以避免出现因误判而对工作开展产生误导的情况发生。对于客户的信任情况，通常主要是依靠销售人员的直觉、经验，再结合客户的行为表现来进行判断。从总体上来讲，当客户信任销售人员和厂商时，通常会释放出积极、主动、开放、热情、信赖等类似的信号，举例如下。

① 对于销售人员的来访表现出欢迎、热情的态度，乐于与销售人员就当前的采购内容进行讨论，讨论的问题也偏向于具体、实质性的内容。

② 乐于征询和倾听厂商的意见和建议，并愿意就此进行评估和深入讨论。

③ 在沟通交流时主动提出自己的畅想、愿景，并就此与销售人员进行讨论，乐于回应销售人员提出的问题，并给出自己的建议。

④ 邀请厂商参加客户内部的研讨会、汇报会等活动。

⑤ 主动提供一些可以推动销售工作良性发展的建议。

⑥ 主动透露一些客户内部的决策动向等内幕信息。

⑦ 有意或无意地向当前厂商透露其他厂商的情况。

⑧ 愿意与销售人员开展当前工作之外的往来，甚至向成为好朋友的方向发展。

⑨ 当有与当前采购相关的问题或相关工作需要时，主动找当前厂商销售人员沟通或请求配合。

⑩ 把一些自己负责的与采购相关的工作委托给厂商销售人员来完成，如制作汇报材料、编写可行性方案、作预算等。

客户以上行为表现，都可以认为销售人员已经在一定程度上获取了客户的信任。而当客户不信任厂商和销售人员时，通常会有谨慎、封闭、质疑、应付、含混、搪塞、拖延等类似行为表现，如以下的情况。

① 当销售人员预约拜访时，客户找借口推脱，如没时间、出差在外、

不方便等。或是即使成功预约到，但会面时客户表现出的兴趣也不大。

② 在沟通交流时，反复向销售人员提出质疑性问题。

③ 讨论的话题浮于表面，没有太多实质性的内容，讨论的问题也偏向于当前而很少涉及下一步的计划或是未来的愿景。

④ 对于销售人员提出的问题，客户含糊其辞、应付作答。

⑤ 表现得沉默、谨慎，沟通交流时很多事情只说只言片语，不愿表露太多的真实想法。

⑥ 表现出应付的态度，如向销售人员提出问题，却并不关心销售人员怎样回答。

⑦ 强势地按照自己的想法开展相关工作，不愿意听从厂商提出的意见或建议。

⑧ 当需要厂商配合工作时，客户寻求了其他厂商的支持。

⑨ 与其他厂商走得更近。

⑩ 客户表现出挑剔、比较等态度，不断用各种细枝末节的问题来对厂商进行考验或作为拖延的借口。

当出现以上类似的情况时，则说明客户很可能对厂商和销售人员还没有建立起足够的信任。此时，销售工作的开展就应该以构建客户信任为主，找出令客户缺乏信任的原因，努力促成信任关系的达成。

当确认了客户的信任后，销售人员应进一步巩固和加深当前的信任关系，并继续推动客户关系更深入地发展。此时，就应关注与客户私人层面往来的开展，即发展与客户的私交。

参与某客户采购项目的主要有甲、乙两个厂商，负责的销售人员分别是小李和小张。两个厂商的产品虽各有优劣，但都完全可以满足客户的使用需要，因此在产品上客户并没有明显的倾向。小李和小张两个人的工作开展也比较顺利，均和客户有良好的沟通和互动，并得到客户方面一定程度的认可和信任。在过去的一个月中，两个人同客户打交道的情况分别是这样的。

小李几乎每天都要给客户打一次电话，然后隔几天就到客户那里拜访一次，有时在客户那里一待就是一整天。

小张几乎没怎么给客户打过电话，但客户那边主动与他联系过两次。第一次是客户方面的技术负责人打电话叫他过去讨论产品方案中的一些问题，第二次是产品使用部门的刘科长打电话约他周末一起去乡下钓鱼。

在以上情况中，当其他条件完全相同时，客户的潜意识中更倾向于谁呢？很显然是乙厂商的小张，因为小张已经成功地进入了客户的私人生活当中，成了客户的朋友。首先，这说明了客户确实已经对小张产生了深层次的信任，已经无保留向其开放；其次，这在某种程度上表明了客户对小张的支持态度；最后，在这种关系状态下，双方基本上已经可以无保留地进行沟通和交流。

私交关系既需要以信任为基础，又是对信任关系的进一步巩固和加强。发展私交通常可以从以下三个方面入手。

① 寻找共通点。就如同日常生活当中，人与人通过交往成为朋友，很大的原因是双方有共通之处，更容易产生共鸣和拥有共同语言，如双方有相同的兴趣爱好、相似的人生经历、相似的学术背景、共同的朋友、同是远在异乡的老乡等。这些共通点可以帮助双方打破隔阂、拉近距离、促成私交。

② 寻找生活交集。可以尝试在工作之外的私人生活中寻找交集，将这些交集作为切入点，使双方首先在私人生活中产生往来，这样在信任关系的铺垫下，即可帮助双方发展并落实成私人朋友的关系。比如，双方都报名参加了月底的马拉松比赛，双方都准备趁国庆假期带家人去香港旅游购物，双方都在为自己的孩子寻找合适的课外辅导班等。

③ 投其所好。主动探询客户的兴趣爱好，然后迎合这些兴趣爱好，并以这些兴趣爱好为切入点，与客户发展并落实为私人朋友关系。例如，发

现客户特别喜欢户外运动，那么可以主动寻找这类活动机会，邀请客户共同参加，然后便可以此为契机，与客户发展私交。

4. 支持阶段

如果厂商在信任关系阶段的工作开展顺利的话，那么客户关系会得到进一步深化发展，进入支持阶段。此时可以认为厂商与客户之间结成了紧密的利益共同体，双方是具有一致目标的同盟关系。客户对厂商完全信任，将采购愿景和诉求的达成完全寄托于厂商，并且愿意为厂商销售目标的达成提供支持和帮助。

客户中与厂商为支持关系的个人可以称为厂商的支持者。此时，厂商需要做的主要工作首先是使这些支持者充分发挥作用，利用支持者提供的支持和帮助，在客户的采购过程中引导形势朝向对己方有利的方向发展，树立己方的竞争优势，并对客户的采购决策施加有效的影响，为己方销售目标的达成保驾护航。其次是要不断巩固和守护这些支持关系的盟友，避免支持者改变态度或是转投到其他厂商。

需要注意的是，首先，这些支持者通常会存在安全因素上的考量，并不会绝对地、强势地、毫无保留地为厂商提供支持和帮助，而更多的是以相对谨慎、低调、有保留的姿态来为厂商提供支持和帮助，有时甚至会有观望、从众的态度和表现。因此，厂商在利用这些支持者时，应该注意对度的把握，避免触及客户的安全底线，使其因产生安全方面的顾虑而改变支持的态度。其次，在客户的采购过程中，厂商很难与客户中每个参与采购决策的角色都发展成为支持关系，但仍需要尽力去争取，因为你不去争取，那么很可能就会被竞争对手争取。

5. 麦凯66工具

这里介绍一个很有用的小工具——麦凯66工具。它是由在美国有着"人际关系大师"称号的哈维·麦凯先生创造的一个工具，该工具由66个问题构成，通过对这些问题的探询和完善，一方面可以推动和指导客户关系的搭建，另一方面可以通过对这些问题的完成度来评估销售人员与当前客户的关系进展情况。最后，完成这些问题也相当于建立了一份详细的客户个人信息档案。销售人员可以对此进行了解，并尝试应用到实际工作中。

以下为具体的66个问题，可以尝试想一个自己的客户，用这些问题来适配一下，看看完成度是怎么样的。

（1）基本信息

① 客户姓名，昵称。

② 客户职务。

③ 公司地址，家庭住址。

④ 办公电话，私人电话。

⑤ 出生年月，出生地，籍贯。

⑥ 身高，体重，身体五官特征。

（2）教育背景

① 高中名称与就读时间，大学名称，毕业时间，学位。

② 大学时代的得奖记录，研究内容。

③ 大学时的兴趣爱好，擅长的运动。

④ 课外活动、社团参加情况。

⑤ 如果客户未上过大学，他是否在意学位？是否有其他的教育背景？

⑥ 参军，军种，退役时军阶，对参军的态度。

（3）家庭信息

① 婚姻状况，配偶姓名。

② 配偶教育程度。

③ 配偶的兴趣/活动/社团。

④ 结婚纪念日。

⑤ 子女姓名、年龄，是否有抚养权。

⑥ 子女教育。

⑦ 子女喜好。

（4）业务背景资料

① 客户的上一份工作，公司名称，公司地址，受雇时间，受雇职位。

② 在目前公司的上一个职务，日期。

③ 在办公室有何"地位"象征。

④ 参与的职业及贸易团体，所任职位。

⑤ 是否聘顾问？

⑥ 本客户与本公司其他人员有何业务上的关系？

⑦ 关系是否良好？原因为何？

⑧ 本公司其他人员对本客户的了解如何？

⑨ 何种联系？关系性质如何？

⑩ 客户对自己公司的态度如何？

⑪ 本客户长期事业目标是什么？

⑫ 短期事业目标是什么？

⑬ 客户目前最关切的是公司前途还是个人前途？

⑭ 客户多思考现在还是将来？为什么？

（5）特殊兴趣

① 客户所属私人俱乐部是什么？

② 参与的政治活动有哪些？什么政党？对客户的重要性为何？

③ 是否热衷社区活动？如何参与？

④ 宗教信仰是什么？是否热衷？

⑤ 本客户特别机密且不宜谈论的事是什么（如离婚等）？

⑥ 客户对什么主题特别感兴趣（除生意之外）？

（6）生活方式

① 病历（目前健康状况）。

② 饮酒习惯，所嗜酒类与分量。

③ 如果不嗜酒，是否反对别人喝酒？

④ 是否吸烟？若否，是否反对别人吸烟？

⑤ 偏好的午餐地点是哪里？晚餐地点是哪里？

⑥ 偏好的菜式是什么？

⑦ 是否反对别人请客？

⑧ 嗜好与娱乐是什么？喜欢读什么书？

⑨ 喜欢的度假方式是什么？

⑩ 喜欢观看的运动是什么？

⑪ 车子品牌、型号是什么？

⑫ 喜欢的话题是什么？

⑬ 想要引起什么人注意？

⑭ 想要被这些人如何重视？

⑮ 你会用什么来形容本客户？

⑯ 客户自认为最得意的成就是什么？

⑰ 你认为客户的长期个人目标为何？

⑱ 你认为客户眼前的个人目标为何？

（7）客户和你

① 与客户做生意时，你最担心的道德与伦理问题是什么？

② 客户是否觉得对你、你的公司或你的竞争负有责任？如果有的话，是什么？

③ 客户是否需改变自己的习惯，采取不利自己的行动才能配合你的推销与建议？

④ 客户是否特别在意别人的意见？

⑤ 客户是否非常以自我为中心？是否道德感很强？

⑥ 在客户眼中最为关键的问题有哪些？

⑦ 客户的管理阶层以何为重？客户与他的主管是否有冲突？

⑧ 你能否协助化解客户与其上级主管的问题？如何化解？

⑨ 你的竞争对手对以上的问题有没有比你更好的答案？

第七节 客户的行动计划与行动承诺

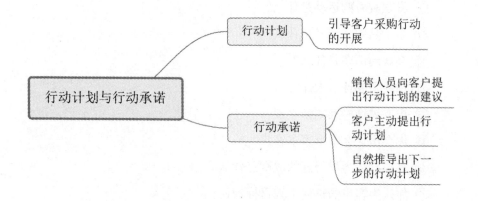

1. 大客户采购的行动计划

在大客户的采购中,客户的一次采购通常都不会一蹴而就。大客户的采购是一个持续的过程,这个过程可以被分成若干阶段,在每个阶段客户都需要开展一系列的具体工作,采取一系列的具体行动,以此来持续推动采购进程向前发展,从而最终达成采购目标,完成采购的工作任务。因此,大客户的采购过程是由客户的一系列持续的具体行动所构成的。

客户的行动计划指的是,在开展采购工作的过程中,客户为了推动采购工作进程向前发展而进行的关于下一步行动的规划。

例如,以下几种情况均可以认为是客户给出了具体的行动计划,从而进一步推动了采购进程向前发展。

① 初次会面后,和客户约定下周某天由客户方面召集使用部门和技

部门的相关人员，由厂商做一次详细的产品演示。

②客户同意厂商安排技术人员入驻现场，进行现场的业务需求调研。

③客户要求厂商提供一台设备进行先期试用。

④客户方面产品使用部门的领导要求销售人员准备材料，约定下周共同向主要决策领导作关于产品的汇报。

⑤客户邀请其主要领导带队前往厂商处参观考察，并得到该领导的同意。

⑥客户要求厂商提供项目建设方案和报价预算。

⑦客户联系了合作的招标公司，准备进入具体的招标环节。

客户的行动计划是客户采购意向的重要考察指标，只有具有一定的采购意向，客户才会有兴趣做出相应的行动来推动采购工作的开展，同时，采购意向的强烈程度也会影响行动计划的制订情况。大多数情况下，当客户的采购意向强烈时，行动计划会显得更为主动、紧密、迫切，并且目标清晰、指向明确；而当客户的采购意向并不强烈时，行动计划则相对较为缓慢、松散，或是出现观望或停滞的情况，有时若非销售人员从中推动，客户甚至不会主动做出任何行动计划。

销售人员在切入客户中后，与客户交流互动时，应该尽可能地参与到客户行动计划的制订当中，尽可能地对客户行动计划的制订施加引导和推动。这样一方面可以促进整个销售进程向前发展，另一方面可以使客户采购工作朝着对己方有利的方向发展，为己方营造出有利的形势，同时也可以更好地开展相应的销售工作来和客户的采购动作进行匹配。

首先，行动计划的制订应该从客户的角度出发，应该是符合客户利益的，是源于客户的采购动机和采购工作需要，确实能够帮助客户解决当前采购工作所面临的问题，帮助客户推进采购进程朝着达成最终采购目标的方向发展的。只有这样，行动计划才会被客户所接受，才能顺利地得到执行。

其次，行动计划应当是合理的。行动计划应该符合采购工作所处的阶段，符合客户的当前实际情况和采购工作流程，并且要确保客户实施行动计划所需要的资源在客户当前可支配范围内。例如，仅仅为客户做过一次演示，就要求客户申请预算，要求客户底层的工作人员向客户的老总引荐自己，这些都是不合理的。

最后，客户制订的行动计划应该是对销售方有利的。客户的行动计划会对采购进程产生影响，因此，销售人员在参与客户行动计划的制订时，要尽量引导和推动客户行动计划的制订朝着对己方有利的方向发展。例如，在客户进行考察调研的阶段，如果己方的厂商规模和实力都不如竞争对手，就尽量不要让客户对厂商进行实地考察，而是应该推动客户以厂商现场宣讲、研讨会等方式进行相关的信息搜集。

2. 获取客户的行动承诺

客户的行动承诺指的是客户在采购过程中就行动计划所做出的承诺和保证。销售人员能否获取客户的行动承诺，是评估销售工作开展是否顺利的重要因素和指标。客户行动承诺的获取通常从与客户初步接触时即开始进行，并贯穿于整个销售进程当中。

客户行动承诺的获取通常有以下三种方法。

（1）销售人员向客户提出关于行动计划的建议，并被客户采纳

销售人员可以根据当前采购工作进展的实际情况，结合客户采购工作和自身销售工作的开展需要，向客户提出合理的关于行动计划的建议。

首先，销售人员在进行客户拜访前，就应该规划好本次拜访关于行动承诺的内容和目标，并设计好相应的话术，在与客户沟通交流的过程中，对客户进行引导，使客户接受己方所提出的行动计划的建议。其次，在向客户提出行动计划建议前，销售人员要先探询客户的想法，看客户是否已经有关于下一步工作目标或行动计划的想法。如果有，就不要急于提出自己的建议，应当先围绕客户的想法进行探讨，再从中寻求契合点，适时地引导客户的想法向己方所规划的内容靠拢和结合。

（2）客户主动提出行动计划，并向厂商提出要求和承诺

首先，这可能是客户基于工作流程的需要或是上级领导的安排等原因，已经有了进一步的工作目标，然后根据该工作目标形成了具体的行动计划。

举例如下。

在某客户的一次采购工作中，客户已基本完成了前期的准备工作，采购条件也已具备，因此，分管该项目的处长要求手下尽快做投资预算，上报给上级领导，走审批流程，以申请采购资金。待采购资金申请到位后，即可进行产品的采购。

对于该处长而言，申请到采购资金是下一步的工作目标，而达成此目标的行动计划是安排手下制订投资预算，走审批流程。此时销售人员就可以主动接触负责该具体工作的人员，帮助其完成制订预算的工作。而对于具体负责该工作的人员来讲，完成投资预算并提交给处长，即下一步的工作目标。据此目标所形成的行动计划可能是与厂商接洽，要求厂商提供报价方案，并可能会就价格与厂商进行初步的谈判。

其次，这可能是客户根据自己对当前情况的了解和判断，对下一步的行动有了一定的想法和规划。销售人员在了解到客户的行动计划后，应进行适当的评估分析。首先分析客户提出这种行动计划的缘由和动机，客户为什么要制订这样的行动计划，即客户为什么接下来要这样做。然后分析该行动计划是否可行、是否是最优的、厂商这边是否有能力按照客户的要求执行该行动计划，以及该行动计划对厂商是否有利。销售人员可以与客户就该行动计划进行探讨，对于一些对厂商不利的内容，销售人员可以尝试在与客户的沟通交流中改变客户的想法，共同探讨出更优的行动计划。

（3）双方在沟通过程中自然推导出下一步的行动计划

此为比较理想也比较常见的情况，这种情况更倾向于是以上两种情况的综合。这种情况的出现通常基于双方良好的沟通和配合，双方对现状有了明确的分析和认知，并对下一阶段工作的方向和目标达成了共识，由此便自然地形成了双方均认可的关于下一步的行动计划。在这种情况下，销售人员更倾向于通过与客户进行良好的沟通，帮助客户对现阶段工作进行总结，引申出客户接下来要面对的问题以及工作方向和工作目标，从而与客户共同制订出关于下一步行动的计划。

以上为三种常见的客户做出行动承诺的情况，成功地获取客户的行动承诺，需要销售人员注意以下几点。

① 首先，销售人员应该对客户的需求情况和当前的项目态势有深入的了解和准确的认知，这样才能确保向客户提出的关于行动计划的建议是合理的、是符合实际情况的。其次，销售人员应该从客户的角度出发，提出的建议应该是真正对客户采购工作的推进起到帮助作用的，这样才能够给予客户将采购工作向前推进的信心，提供的建议才能够得到客户的认可和接纳。

② 客户的行动承诺应当随着销售人员所掌握的客户资源的增加以及客户采购工作开展的加深而逐渐深入和提升。首先，客户方面具有不同决策能力的人员能够给出的行动承诺的层级是不同的，随着销售工作的开展，厂商会逐渐接触到客户方面更高级别、具有更高决策能力的角色，因此，需要客户给出的行动承诺也应该是不断升级的。其次，客户采购工作处于不同的阶段时，给出的行动承诺也是不同的。在初期，客户行动承诺的内容通常较为简单，但随着工作开展的深入，则会向更深入的方向发展。例如，在初期接触时，客户可能只会要求厂商提供简单的产品资料或是做简单的产品演示说明，但在进入采购工作实际执行阶段后，客户则会做详细的项目方案设计、参数标准制订、详细的采购预算核算等工作。

③ 在很多时候行动承诺的执行和落实并不仅仅是厂商单方面的工作，而是需要客户方面也参与其中，双方配合共同开展工作，此时就需要客户方面协调和动用一定的资源。因此，在制订行动计划、获取客户行动承诺时，应事先对客户方面的资源能力进行评估，确认客户现有的资源能够支撑行动计划的开展，并就行动计划所需要的资源同客户做好沟通，以免出现客户因资源限制而影响行动计划的执行和落实的情况。

④ 客户的行动承诺是客户采购进程向前发展的标志，只有客户有了进一步的行动计划，才说明销售人员当前工作的开展是有成果的。销售人员在每一次进行客户拜访时，都应该制订关于客户行动承诺的计划，并以是

否成功引导和推动了客户的行动计划,是否获得了客户的行动承诺作为对拜访客户的成果进行评估的一项重要指标。销售人员在每次拜访客户前制订关于客户行动承诺的计划时,可以将客户的行动承诺分为最优行动承诺和最小行动承诺。在理想状态下,以达成最优行动承诺为目标,但若因实际情况限制无法达成最优的行动承诺,则可以退而求其次,推动最小行动承诺的达成。

⑤ 行动承诺是达成某个目标的路径和方式,但应该注意与拜访目标的区别。行动计划应该是具体的、可执行和可操作的,制订的行动计划应该对应落实到具体的工作内容和行动上,而不是模糊的某个目标。例如,希望能向客户展示己方产品的优势,进一步得到客户的认可,这可以作为拜访目标。邀请客户到本公司参观考察,帮助客户详细了解本公司的产品方案和应用情况,这是具体的行动计划。

⑥ 在大多数情况下,客户不愿做出行动承诺的原因通常是存在顾虑或异议。在采购工作的不同开展阶段,客户存在的顾虑和异议也会有所不同,产生的原因也会各种各样。但无论何种原因,销售人员都应该根据实际情况进行分析,找到客户的顾虑或异议,并努力消除这些顾虑或异议,这样才能使客户有信心将采购工作向前推进,才能促使客户积极地规划出行动计划。其实某些行动计划的制订,也正是为了帮助客户验证并打消其存在的顾虑和异议。

思考练习

小李是某铜合金材料生产厂商的销售,该铜材是轴承、阀门等产品生产所需的原材料。某次,小李拜访了某大型轴承厂的采购部门的负责人,因为准备得比较充分,所以初次拜访比较顺利,给对方留下了不错的印象。那么从客户关系与行动计划的角度考虑,小李后续应该如何开展工作呢?

扫一扫查看答案

CHAPTER 03

第三章

客户需求开发
——需求是客户的采购动机

客户只有存在需求,才会产生购买产品的欲望,客户具体的需求情况,决定了客户对产品的比较和选择。客户需求开发,销售人员既需要能够激发起客户的购买欲望,同时,又需要对客户的需求进行深入的开发和引导,以期能够准确地把握客户需求,并将之控制在对己方有利的范围内。

需求,是客户采购的核心,销售人员应该结合自己的实际工作情况,对这一概念有较深入的理解和认知。

第一节 大客户需求的概述

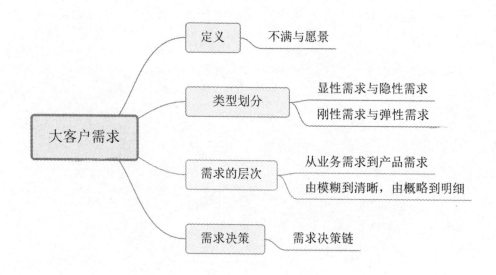

1. 需求的定义

从客户的角度来讲,大客户销售中的客户需求包含三个层面的内容。

① 不满:因现状存在某些问题而导致对现状的不满。

② 愿景:希望达成的、理想的状态。

③ 方案:解决现状中存在的问题,实现由现状到达愿景的方法和过程。

需求产生的原因是现状和愿景之间存在差距,从而希望以愿景为目标来改变现状,而从现状到达愿景的实现方法和过程,即需求。需求始于对现状的不满,止于愿景,从不满到愿景实现的过程,则由需求贯穿连接。

根据以上对需求的分析，在大客户销售中，开发客户需求的过程，本质上就是发现问题、激发不满、描绘愿景、给出方案的过程，进而使客户产生对产品的需求，进而激发客户的采购欲望，推动客户进行采购。

同时，从客户采购决策的层面来讲，需求是客户进行采购的原因、理由、动机和驱动力。此时，产品对于客户来讲才是有价值的。

某市的一个公共服务性企业经常接到群众对其服务不满意的投诉电话。企业虽多次针对此情况进行了整改，但因其员工的工作地点分散在全市各地，企业无法对工作过程进行有效监督，在对投诉进行调查时也没有办法进行有效的取证。结果往往是投诉群众和企业员工各执一词，加之投诉电话是企业内部的客服热线，因此对于这类投诉经常是企业内部消化，不了了之。后来该市开通了市长热线，群众开始打市长热线进行投诉，导致该企业屡次在市里被点名批评，甚至还被取消了评优资格。于是，该企业痛下决心彻底整改，在从上到下狠抓管理的同时，还到多个兄弟企业取经学习。通过考察，该企业发现有一类信息化管理系统产品，可以对外出员工的作业过程进行有效的实时监管和记录，于是该企业马上寻求相关厂商进行产品考察。经过一番了解后，最终确定立项，要求当年必须完成该系统的建设并投入使用。

在这个例子中，这家企业因为无法对员工进行有效的管理，导致被群众投诉、被市里点名批评（不满），因此，企业希望能够通过有效手段强化对员工作业过程的监管（方案），达到提升其服务水准、避免群众投诉、重塑企业形象的目的（愿景），于是就产生了对该信息化管理系统产品的需求。

2. 需求的类型划分

（1）显性需求与隐性需求

从客户的角度来看，根据客户是否意识到现状所存在的问题以及是否存在不满，可以将客户的需求分为显性需求和隐性需求两种。

	不满	方案	愿景
第一种情况	√	-	-
第二种情况	√	-	√
第三种情况	√	√	√
第四种情况	-	-	-

第一种情况是客户已经对现状产生不满,但不清楚具体能改进到何种程度,即还没有相应的愿景。

第二种情况是客户已经对现状产生不满,同时也有了相应的愿景,但还不知道应该如何实现这种愿景,即还没有找到解决方案。

第三种情况是客户已经对现状产生不满,同时既有了相应的愿景,又有了相应的解决方案。

这三种情况是客户具有显性需求的情况。具有显性需求的客户,通常不需要销售人员做太多的工作,客户便可以意识到对产品的需求,产生对产品进行考察的兴趣,从而很容易激发起对产品的采购欲望。此时销售人员需要做的是对客户的需求进行有效的响应和引导,使之最大限度地与自己的产品相匹配。

通常在前两种情况下,是销售人员引导客户需求、导入自己产品方案比较好的时机。此时,销售人员应与客户进行深入的沟通交流,充分了解客户的业务现状,帮助客户对现状进行分析和诊断,帮助客户规划美好的愿景,并做好产品技术上的支持工作,为客户提供超出期望的解决方案。

对于第三种情况,客户缺的只是满足其要求的产品,特别是销售人员在与客户沟通时,发现客户能够清晰地说出其想要什么样的产品,客户甚至会对产品的参数细节提出明确的要求。这种情况下,很可能是已经有其他厂商进行了跟进,客户的需求很可能是这个厂商开发培养出来的。此时,销售人员应当积极寻求新的突破口。需要注意的是,客户的愿景是可以被改变的,客户所设想和规划的愿景,并不等同于最终所达成的愿景,销售人员仍有机会对客户愿景的规划施加影响，加以改变，甚至重塑客户的愿景。但前提是新的愿景是合理的，是符合客户业务情况的，并且应该是能够覆盖和超越客户原有愿景的。

在第四种情况下，客户并没有意识到其当前存在的问题，更不会存在不满，或者仅有一些模糊的想法，但无法清晰地描绘出来。有的客户可能只是因为缺乏改进的动力，所以一直维持着现状，这种情况即客户具有隐性需求。此时客户处于未被开发的空白状态，如果销售人员能够有效地开发出客户的需求，那么将会存在较大的销售机会。但与此同时，除了一些新面世的产品或变革性产品外，隐性需求的情况通常对应的是客户的非关键业务或业务价值不大的变革，这也使得客户缺乏对现状进行改进的动力。

对于存在隐性需求的客户，销售人员比客户更加了解客户业务现状中存在的问题。销售人员在与客户进行交流后，隐性需求转化为显性需求，接下来通常有两种情况：一种情况是客户认可需求，开始进行进一步的需求评估；另一种情况是因为产品带来的改进对客户业务的帮助不大，或者产品给客户带来的收益甚微，所以客户虽确认存在这样的需求，但仍缺乏足够的改进动力。面对后者，销售人员应更深入地揭示和放大问题，最大限度地激发客户的不满，并且要描绘出有足够吸引力的愿景，同时还可以通过扩大需求范围、引入外部力量以及利益驱动等方式给予客户足够的变革驱动力。

某厂商研发了一种智能化控制模块产品，某些行业使用的生产设备通过加装此模块可以达到优化动力、节能增效的效果。该厂商的销售人员在跟进某企业时发现，因成本原因，该企业实际的投资回报周期很长，且这期间还可能会面临一些不可预测的行业波动，因此该企业虽然对产品有一定的兴趣，但意向并不明确。后来通过该厂商销售人员的运作，为该企业在其上级主管部门申请到了节能环保优惠政策和资金补贴，同时还为该企业的董事长申请到了当年的节能环保个人贡献奖，最终，顺利推动了产品在该企业的落地应用。

（2）刚性需求与弹性需求

根据客户对产品需求的迫切程度，可以将需求分为刚性需求和弹性需求，对应的产品分为刚性需求产品与弹性需求产品。

① 刚性需求。刚性需求产品是与企业核心业务息息相关的产品，是其生产、运营所必需或是可以大幅度提升其生产力、提升业务效率的产品，如原材料是生产制造型企业的必需品，医疗设备是医院正常运营的必需品。刚性需求对应客户的强需求，通常具有需求的持续性，且企业对此类产品的采购会有固定的采购计划和采购预算，以及成熟顺畅的采购决策流程。销售人员在做这一类产品的销售时，通常会面临较大的竞争压力和更为专业的客户、更为理性和严苛的采购过程。虽然销售人员前期做了很多铺垫，但最终的竞争通常会回归到本质性的硬性指标上来，如价格、质量、服务、供货周期、商业模式等。

② 弹性需求。相对于刚性需求，弹性需求通常与企业核心业务的关联性较小，或对于客户业务的价值不大。弹性需求对应着客户的弱需求，通常需要销售人员做更多的工作，需要对客户需求进行开发。对于存在弹性需求的客户进行产品的销售，类似于面对存在隐性需求的客户，主要仍是强化客户需求的迫切性，并以足够的利益进行驱动，从而给予其足够的采购信心和采购动力。

3. 需求的层次

客户的需求是分层次的，最明显的是业务需求和产品需求这两个层次。客户往往是先产生业务上的需求，再根据业务需求，寻找产品解决方案进行匹配，由此产生对于产品的需求。业务需求对产品需求起到决定的作用，而产品的一切质量标准、性能参数、功能设计等属性最终都作用于业务应用、服务于业务需求，因此，业务需求一定是客户采购的核心，在客户的采购决策过程中起到主导性作用。

客户的业务需求也是具有不同层次的，客户往往是先形成一个概略性的需求，然后以这个概略性的需求为大方向指引，经过逐层地分解与细化，逐渐形成明确的、可操作和可执行的需求信息，并最终对应为对产品的具体需求。在客户的需求决策过程中，通常是越高级别的决策者，提出的需求越模糊和概略，越往下需求会越清晰、明确。销售人员在进行需求开发和需求分析时，应着重于对客户业务需求的把握，既要抓住客户业务需求的核心和本质，又要以客户业务需求作为主要抓手，这样才能更有效地进行产品需求的开发和引导，更有效地打动客户、导入产品。

4. 需求决策

大客户采购的重要特征是群体决策，这其中也包括对需求的决策。客户对需求的决策也是存在一定的流程的，需求决策主要是指对需求存在与否、需求的范围、需求的迫切程度、具体的需求内容等一系列相关内容的决策，如通过对"需求的定义"中所举例子进行分析，可以梳理出下图中的需求决策过程。

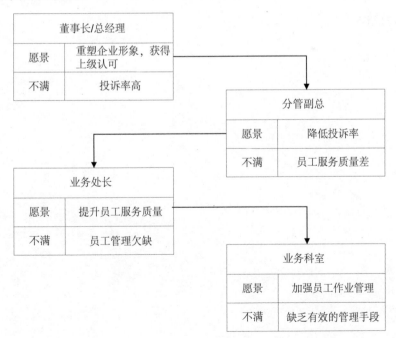

首先，需求的发起可以来自决策链中的任意一个节点，可以是自上而下的，也可以是由下至上的。在需求决策过程中，上下级节点之间的需求具有因果性、连续性和可溯性，销售人员只要切入客户的需求决策链中的任一节点，都能沿着决策链对接到其他节点。

其次，决策链中不同节点的需求层次有所不同，主要关注点也不同。通常下级节点的需求愿景来自上级节点的不满，下级的需求通常是对上级需求更进一步的细化与落实，越下级的需求通常越具有可操作性。

最后，不同节点对需求范围的决策权限不同，上级节点对需求范围的把控要强于下级节点，上级可以对下级发起的需求进行调整，既可以压缩需求范围，又可以扩大需求范围。在实际开展销售工作时，经常会遇到一个大项目但在审批过程中被砍掉大部分，只保留了利润最低的核心部分，或者本来仅是一个简单的小产品采购项目，经过销售人员的深入开发，被扩大成一个系统化建设项目这样的例子。因此，销售人员应把握住开发决策链中上级节点需求的机会，这样既可以对下级节点施加影响，又有机会将项目做大。

第二节
客户需求的开发

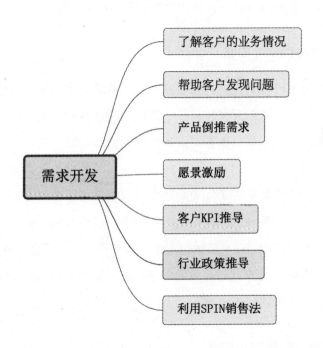

1. 充分了解客户的业务情况

有些销售人员在对客户的业务情况还不了解的情况下,或是在接触过几个客户后,再遇到新客户就套用以往的经验,想当然地和客户谈需求、推产品。这样的做法是错误的,因为对于不同的客户,其业务情况往往是不同的,特别是对于高度定制化的产品,在 A 客户处适用的方案,在 B 客户处不一定同样适用。如果对客户的业务情况还不甚了解就想当然地去匹配客户的需求,那么很可能使双方在需求的对接和理解上出现较大偏差,甚至会误导客户，从而导致客户需求开发的失败，并很可能因此而失去客户的信任。

因此，客户需求的开发首先应建立在对客户的业务情况充分了解的前提下，只有了解客户的业务运作情况，才能有效地把握客户的需求背景，帮助客户探询深层次的问题，并有针对性地进行产品方案的设计和推介，从而能够更有效地打动客户，使客户产生共鸣，得到客户的认可。

2. 帮助客户发现问题

前面章节中已提到过，问题导致不满，不满促进改变，而改变制造需求，因此，客户需求的开发往往是从发现问题开始的，也可以认为，客户需求的开发是销售人员帮助客户发现问题、诊断问题、解决问题的过程。通常销售人员对产品更为专业，掌握更多的相关信息，拥有更多的相关经验，因此，销售人员更善于发现问题。销售人员可以在对客户的业务现状足够了解之后，将发现的问题抛出，并向客户进行验证。验证问题的过程也是加深交流的过程，在交流的过程中，对客户反馈的信息做进一步整理，然后在此过程中对客户进行有效的引导，从而帮助客户厘清思路，确认问题的存在，并强化问题的影响。

3. 由产品倒推客户需求

产品是以帮助客户解决问题、创造价值为目的而存在的，这是产品存在的价值和原因。因此，每一种产品都会有其固有的功能、作用、特性等。依据这些属性，可以大致倒推出客户的需求情况，即客户为什么要使用这类产品，怎样使用这类产品，客户使用这类产品可以收获什么样的成效、可以获得怎样的收益等。由此便可以对行业客户的需求情况有一个大概的了解。

由产品倒推客户需求是从主观上对客户需求进行整体的分析和预判，可以帮助销售人员快速对行业客户的业务情况、需求情况初步了解，可以作为销售人员切入行业客户、了解行业客户业务情况的一个切入点。但是在与客户进行沟通时，应避免先入为主的观念，不要强行拿这些主观推测的需求与客户进行匹配，而是要对客户的业务情况进行深入探寻，再从客户的角度出发，根据了解和掌握到的客户需求来匹配自己的产品方案。

4. 以愿景激励激发客户需求

以愿景激励激发客户需求是指销售人员通过向客户描绘和呈现应用产品后所能够达成的美好愿景，制造出现状与愿景之间的巨大差距，激发起客户对现状的不满，使客户对愿景产生渴望，从而激励客户产生改变业务现状的意愿，进而激发出客户对产品的兴趣。

这是一种比较简单、常见的开发客户需求的思路和方法，应用该方法时，首先，应该以双方进行了一定的事前沟通交流作为基础和铺垫，这样能够使双方具有一定的信任关系，这时销售人员向客户展示的愿景才更容易吸引客户、被客户接受。其次，销售人员所描绘的愿景应该是可行的、是符合客户业务客观发展规律的，这样才更容易让客户相信销售人员所提出的愿景，否则客户很可能会质疑或产生不信任感。最后，愿景可以是未来的收益或可达成的美好状态，在具体操作时，面对客户方面不同的角色，愿景的内容应有所侧重，应根据不同角色的关注点和兴趣点，侧重展现更容易打动对方的内容。

5. 由客户 KPI 推导客户需求

KPI（Key Performance Indicator，关键绩效指标）是一种业绩量化考核体系和考核方法，主要是通过自上而下地逐层分解目标，将考核目标分解成可量化、可操作的具体任务内容。然后以任务内容的完成情况作为考核依据，形成对体系内各级人员进行考核的机制。

继续应用本章第一节"需求的定义"中所举的例子。通过之前的分析很容易得到客户单位中各层级相关人员的 KPI，市里对董事长的考核内容为尽快提升市民满意度、降低投诉率，这就可以视为董事长的 KPI。这一考核目标转化为董事长的具体工作内容和工作目标，并继续向下级逐级分解落实，形成不同层级相关人员的具体工作内容和目标，即这些人的KPI。

可以说，在何种类型的组织单位中，其各级工作人员都会面临一定程度的KPI考核压力，我们可以简单地做以下理解。

由于KPI考核可能会对客户的职业晋升、收入、政治地位、工作舒适度、个人价值等产生影响，因此，客户会因KPI考核的存在而产生不满。但是又因为不得不应对KPI考核，所以客户希望自己能够顺利通过KPI考核，或者说达成KPI考核目标，此为客户的愿景。而如何顺利解决KPI考核的不满、达成KPI考核目标这一愿景，即促使客户形成了相应的需求内容：

KPI考核＝不满

达成KPI考核目标＝愿景

顺利完成KPI考核的工作内容＝需求

通过这样的分析，销售人员可以以客户的KPI为依据，去发现和把握客户的需求。由此，销售人员也可以很容易地找到开发客户需求的切入点，即根据客户具体的KPI，找到客户业务中与之相对应的工作内容和工作目标，为其提供相应的解决方案或优化方案，帮助其更顺利、优质、高效地完成工作内容，达成工作目标，进而帮助客户达成与之相关的KPI考核目标。例如，在"需求的定义"中所举的例子，厂商通过为客户提供信息化管理系统产品，帮助客户由下至上逐级完成了上一级所下达的工作任务，解决了每个层级人员所面临的与此相关的KPI考核问题。

以上是利用客户KPI推导客户需求的主要思路，在利用此方法时，有以下几点需要注意。

① 利用KPI推导客户需求应建立在对客户的业务情况有深入了解，同时与客户有较深入接触的基础上。只有这样，才能准确地了解和掌握客户的实际工作情况和KPI情况。

② 客户面临的KPI不会只有简单的一两项，通常会有较多、较复杂的内容。销售人员需要从中筛选出与自己产品能够匹配的那部分内容，然后对其进行仔细梳理，从中再进一步整理出可供开发的客户需求。

③ 由 KPI 推导客户需求可以以客户中任一层级的人员作为切入点入手，利用需求决策链的分析方法，通常并不难梳理出客户的整体需求情况。

④ 客户中不同层级的人主要关注点通常也不会相同，而 KPI 可以作为其主要关注点的一种反映，通过对这些角色 KPI 的分析，可以帮助销售人员更好地把握客户中不同角色的关注点，从而帮助销售人员更有效地与不同的角色进行沟通和交流。

6. 由行业政策推导客户需求

在我国，政府对于各行各业有着重要的影响力，国家或地方政府每一次出台新政策，都意味着可能会给与之对应的行业带来巨大的影响，甚至变革。而每当各行各业的客户为了满足、适应、匹配或规避这些政策而对自身进行业务调整时，往往可能会促使其产生新的业务需求，进而产生产品上的需求。这些需求虽然是被动产生的，但都是强需求。

接下来举几个例子加以说明。

例一

2014 年年初国家交通运输部、公安部、安全生产监督管理总局发布了《道路运输车辆动态监督管理办法》，其中规定："道路旅客运输企业、道路危险货物运输企业和拥有 50 辆及以上重型载货汽车或者牵引车的道路货物运输企业应当按照标准建设道路运输车辆动态监控平台，或者使用符合条件的社会化卫星定位系统监控平台（以下统称监控平台），对所属道路运输车辆和驾驶员运行过程进行实时监控和管理。"此管理办法的施行，使得这些车辆运输企业为了满足该管理办法，保证具备继续经营的资质，而不得不给自家的车辆加装卫星定位设备。由此，行业内的这些企业便产生了对于此类产品的强需求，同时，地方政府相关管理部门也具备了"建设监管平台、实现行业监管"的业务需求。此时提供相关产品和服务的厂商，就拥有了切入这一行业客户、推动产品落地的良好契机。

例二

2015年国务院发布了《水污染防治行动计划》，其中提到"2017年底前，造纸行业力争完成纸浆无元素氯漂白改造或采取其他低污染制浆技术，钢铁企业焦炉完成干熄焦技术改造，氮肥行业尿素生产完成工艺冷凝液水解解析技术改造，印染行业实施低排水染整工艺改造，制药（抗生素、维生素）行业实施绿色酶法生产技术改造，制革行业实施铬减量化和封闭循环利用技术改造"。该行动计划的发布，使得上述提到的造纸、钢铁、氮肥、印染、制药、制革行业中原本没有进行技术改造计划的企业不得不进行相应的改造，进而就产生了对技术改造所涉及的相关产品和解决方案的需求。提供此类相关产品和服务的厂商便可以此为契机，切入这些行业客户当中。

例三

近几年来国家陆续出台了一系列促进"互联网＋政务服务"的相关政策文件，强力推动了政府政务服务信息化的相关建设，由此便带来了一轮政府机构电子政务系统的建设热潮。一些厂商抓住此政策契机，积极与政府各客户互动，探询其各类业务需求，为其提供产品规划和解决方案设计，最终实现包括各类行政审批系统、门户网站、办公自动化、行业管理系统、大数据应用等诸多信息化项目的落地。

例四

近两年以滴滴为代表的网约车爆发式地发展，给传统的出租客运行业带来巨大冲击。在这样的背景下，2016年7月，交通运输部、工信部等7部委联合发布了《网络预约出租汽车经营服务管理暂行办法》。办法中明确要求将网约车纳入政府监管，网约车企业要在政府的监管下开展经营活动，同时对于从事经营的车辆和司机采用准入许可证制度来进行管理。这时再结合例三中"互联网＋政务服务"的政策，便有厂商为行业管理部门开发了许可证申请、审批业务的网络化办理，方便群众办事，提高审批效率，这样的业务需求就转化为对信息化审批平台这类产品的需求。同时，暂行办法中也鼓励行业管理部门"以信息化手段对网约车行业进行监管"的相关内容。因此，建设信息化行业监管系统，以信息化手段对网约车行业进行有效监管就被开发为行业管理部门的一项业务需求。相关的厂商便以此为契机，切入相关客户当中开展工作，推动这类产品的落地。

从以上几个例子可以看出，一旦有新的行业政策法规出台，就很可能会给相关行业带来新的经营管理要求或是机遇和挑战，从而要求行业进行相应业务的调整或变革，以适应、配合、满足、规避这些政策法规。对此我们可以理解为，不适应新出台的政策法规，则可能存在经营风险或丧失相关机遇，这就是新政策法规出台后行业客户的现状，而对现状进行改变，以适应、配合、满足、规避新的政策法规，或是抓住机遇，赢得更多收获就是客户的愿景，由此，便促使行业客户产生了一系列与之相对应的业务需求以及产品需求。

销售人员应当时刻保持职业敏感性，对行业动向多加关注，尤其是政府层面的包括政策法规、指导意见、会议精神等相关内容，平时有意识地搜集和整理这类相关信息，并深入解读，就有机会捕捉到新的商机和产品销售机会。

7. 利用 SPIN 销售法开发客户需求

这里主要介绍 SPIN 销售方法。SPIN 销售方法是由著名销售大师尼尔·雷克汉姆创造的一套系统化的销售理论和销售方法，不仅可以为销售人员通过沟通开发客户需求提供非常有效的指导思路，还可以训练销售人员通过有策略的谈话揭示问题、激发需求。

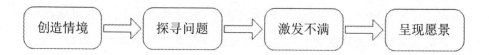

SPIN 将开发需求的沟通过程分为四个阶段：创造情境、探寻问题、激发不满、呈现愿景。每一阶段对应一类问题：背景性问题（Situation Questions）、难题性问题（Problem Questions）、暗示性问题（Implication Questions）、收益性问题（Need-Payoff Questions）。

① 创造情境。这一步既是沟通的暖场，也是探寻背景的阶段，主要目的是利用一系列背景性问题将客户带入沟通的情境中，同时搜集信息，了解客户的业务现状，为下一阶段的谈话内容做铺垫。

② 探寻问题。结合了解到的信息，揭示客户业务中存在的问题。问题可以由销售人员提出，也可以通过对客户进行引导，由客户主动提出，然后通过交流，对问题进行验证，使客户确认问题的存在。

③ 激发不满。通过一些暗示性的提问强化问题的存在，引导客户意识到问题存在的严重性，激发客户对现状的不满和重视。

④ 呈现愿景。通过收益性问题，把客户的思路引导到对解决方案的探寻上，同时可以抛出自己的解决方案，并为客户描绘愿景，使客户明了产品价值和购买收益。同时，这一步也是导入产品的好机会。

某数据存储设备厂商的销售人员到一家企业的信息部门做客户拜访，下面是销售人员和客户的对话。

Step1：创造情境

销售人员：咱们企业的机房大概有多大规模？

客户：有几十台服务器。

销售人员：那规模也不小了，都有哪些业务呢？每天产生的数据应该很大，用的什么存储方案？

客户：有很多业务，有生产的、财务的、销售的。数据的话都是按不同业务挂载磁盘阵列存储。

Step2：探寻问题

销售人员：那数据存储的安全性怎么样？如果存储出现问题，则很容易造成数据丢失。发生过数据丢失的情况吗？

客户：确实有，不过一直没有什么好的解决办法。

销售人员：那以往如果出现像服务器死机、存储出问题这种情况都是怎么处理的呢？

客户：基本都是人工恢复，数据能恢复多少就尽量恢复多少。

Step3：激发不满

销售人员：如果企业的一些关键数据丢失了，岂不造成很大损失？

客户：是啊，但没办法，只能是日常多巡检、多维护，出了问题赶紧处理。

销售人员：那你们的工作也够辛苦了，得24小时绷紧神经，出了问题你们的部门绩效和个人奖金也要受影响吧？

客户：是啊，一出问题那些业务部门就找我们抱怨，领导也责怪我们。上个月我们整个部门都被扣了绩效……

Step4：呈现愿景

销售人员：有没有考虑过优化数据存储方案呢？比如说，在现有数据存储的基础上额外进行增量备份？

客户：确实这样考虑过，但一直没找到太好的解决方案。以前考虑的是能够对所有业务数据进行自动备份，出问题后可以按时间节点进行数据还原，你们能做到吗？

销售人员：我们公司现在有一款产品，可以自动对数据中心所有数据进行增量备份，这样即使服务器死机、存储坏掉都没关系，都可以进行数据的无缝还原，可以最大限度地保障数据的安全。

客户：你们真有这样的设备吗？

销售人员：是啊，这样既能避免因设备故障带来的业务中断和数据丢失，又能减轻你们的工作压力。您感觉怎么样？

客户：好，再详细给我介绍介绍。

利用SPIN销售法需要注意以下问题。

SPIN销售方法只是一种很有借鉴性的思路方法，但也不是万能的，在实际应用中，应避免生搬硬套，或是流于形式。如果在与客户沟通时，客户已经明确提出自己的不满了，那就没必要进行创造情境、探询问题、激发不满的步骤了。

SPIN的四个阶段是紧密衔接、环环相扣的，每一阶段都为下一阶段做铺垫。虽然SPIN销售法将整个沟通过程划分为四个阶段，但实际上整个沟通应是一个和谐、顺畅的过程。因此，在使用SPIN销售法与客户交流前，销售人员应做好准备工作，把握整个过程的沟通思路，以避免在实际沟通过程中出现沟通方向的偏差，或是每个阶段的过渡生硬、不自然。

SPIN销售方法是利用一系列引导性问题与客户进行沟通，要注意避免持续地提问给客户造成压力。在沟通过程中应注意对节奏和氛围的把握，如可以在提出问题前适当做一些铺垫，或是在客户回答了问题之后，适当做一些响应性的总结或分析，从而形成一个良性的互动氛围。同时也可以在沟通的过程中穿插一些轻松的话题活跃气氛，不要刻意控制话题的走向，如可以随便聊一些与业务无关的事情之后再回到话题上。

在与客户的沟通过程中，销售人员在引导客户的同时，也要对自身进行调整，来匹配客户的立场和语境，而不是单方面地对客户进行灌输，更不是对客户进行控制。同时，在进行沟通时切忌预设立场，然后想当然地用自己的立场给客户洗脑。

与客户中不同的角色沟通时，方式和内容的侧重点也不尽相同，应该以迎合对方的主要关注点、最大限度地打动对方为目的。面对不同的角色设计相应的SPIN内容，而不是把一套问题用在客户中所有角色的身上。如上述的例子中，在与信息部门的人沟通时，可以提数据安全，谈减轻工作量，但与更高级别的决策者沟通时，就应该谈业务中断所带来的不良影响等内容。

第三节
需求决策的反复

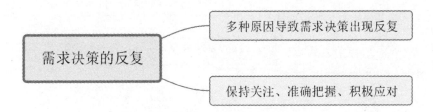

在开发客户需求的过程中，客户的需求决策过程并不一定是一直向前推进的，可能会出现反复的情况。比如，销售人员已经配合客户的执行部门共同确认好了需求的内容，但在向其上级领导作汇报时，上级领导可能又会提出新的想法，从而需要下级部门对需求进行重新评估，这就是需求决策的反复。

导致需求决策反复的原因有很多。比如，随着客户对产品和方案的逐渐学习，认知逐渐深入，从而不断产生新的想法；其他参与决策者提出了新的想法和意见；国家政策等外部环境发生变化；竞争对手从中搅局等，都有可能导致客户的需求决策出现反复。销售人员在开展销售工作的过程中，要对这些情况多加关注，无论是由于何种原因导致的需求决策反复，销售人员都要及时对客户的需求调整做出有效的响应，以确保客户的需求始终在可控范围内，并且要能够发现需求决策反复的原因，捕捉其中透露出的信号，以防止不可控情况的发生。

第四节
业务需求与个人需求

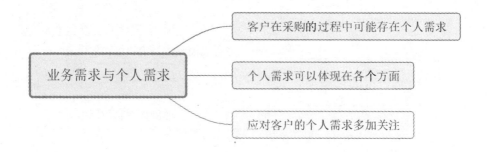

客户在进行某项产品的采购时,除了其业务层面上的需求外,很可能还会存在个人层面的需求。销售人员在进行客户需求开发的过程中,还应对客户个人层面的需求多加关注。客户的个人需求也是影响客户采购决策的重要因素,是不可回避的一环。对于一个采购项目,能进入客户采购竞争中的厂商,通常都是可以完全满足客户业务层面需求的,但能否切实得到客户的支持,很可能就取决于对客户个人层面需求的满足情况。

客户个人层面的需求是多方面的。比如,希望出色地完成采购任务,顺利向上级交差,从而得到上级赏识;希望通过对新产品的学习提升自身技术水平;希望通过项目建设积累个人业绩;希望通过对产品的引入对业务进行改革,从而进一步巩固并提升自己在单位的地位;希望产品投入使用后可减轻个人的劳动强度、责任压力等,这些都有可能是客户在进行采购时所附加的个人层面的诉求。

销售人员在进行客户需求开发时,除了关注业务层面的需求外,还要关照到客户个人层面的需求,充分开发、引导和利用这些个人需求,从而更有效地争取客户的支持。

第五节
你需要一份极具说服力的书面材料

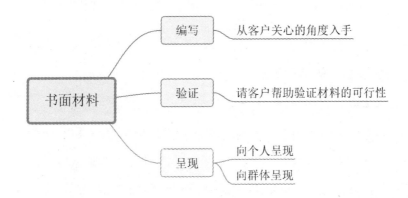

在完成了客户需求开发的工作后,销售人员基本摸清了客户的需求情况,客户也认可了需求的存在,双方对需求基本达成共识。此时销售人员可以准备一份相对正式的书面材料提交给客户,如项目建议书、项目建设方案书等形式的书面材料。这样做主要有以下几个目的。

首先,这样做相当于以书面的形式对客户的需求进行了确认,可以进一步帮助客户整理思路,巩固需求开发的成果。同时,厂商所提供的书面材料也是培训客户的一个有效方式,可以进一步加深客户对厂商、产品、方案的印象,并且厂商也可以通过这类书面材料向客户进行能力证实,进一步强调厂商具有满足客户需求的能力。

其次,书面形式的材料存在感更强、更容易在客户内部流转,这样可以对客户形成一种暗示,一方面暗示客户当前业务存在亟待解决的问题,另一方面可以不断强化厂商的存在感。

最后,客户在确认了需求后,通常会做出进一步的动作,如进行内部的论证、计划申报、走审批流程等。客户也会因工作需要而准备相关的类似材料，如走审批流程或是向上级领导进行工作汇报等。这期间客户有可能会主动寻求厂商支持，要求厂商配合提供相关的材料，即便客户不主动要求，销售人员也应积极参与其中，这既是售前服务的一部分，又是紧密联系客户的一种有效途径。在提供这类支持的过程中，销售人员可以有机会对客户进行一定的引导，使客户的工作方向、决策方向朝着对己方有利的方向发展。同时，这也是推动项目向前发展的一种方式。

1. 方案材料的编写策略

对于方案材料的编写，首先应该站在客户的角度，考虑客户关心哪些内容、希望了解哪些内容、哪些内容能吸引客户的兴趣，以及如何通过这些材料给客户导入销售方的优势内容等。这类书面材料通常应该包含以下几方面的内容。

（1）需求分析

需求是客户采购的出发点，准确把握住客户的需求，才能使客户产生共鸣，从而吸引和打动客户。需求分析部分可以从以下两个方面着手。

① 项目背景。可以先从宏观方向或较高层面展开，然后落实到客户现有业务上，客观地描述客户方面与本次采购相关联的业务的运营现状，重点陈述与本次采购项目相关的一些背景性内容。这部分内容主要起到开场代入的作用，一是利用客户对自身业务的运作情况比较熟悉的特点，通过这样的内容可以快速使客户产生代入感，制造认同惯性；二是为后续内容进行铺垫，由此引出之后的内容。

② 问题分析。在这一部分内容中应该充分暴露出客户业务当中存在的问题，既要客观地指出问题的存在，又要对问题进行深层次的分析和诊断，包括问题产生的原因、造成的不良影响等，甚至可以在客观陈述的基础上将问题进行适当的放大。需要注意的是，对问题的阐述应从多个层面展开，以求能够得到不同层级、不同角色决策者的认同。

（2）解决方案

明确了需求后，接下来就需要给出有针对性的解决方案，这里所说的方案不是详细的产品方案，没必要详细罗列产品的功能、参数等信息。一是因为客户如果有兴趣，会主动进一步了解这些信息；二是因为不要过早地暴露产品的详细信息，否则可能会导致后续工作陷入被动。此时的方案内容应重点介绍针对客户需求所给出的方案设计，包括框架方案、实现方式、功能模块、设计原理、操作运用等内容。方案的介绍应重点突出以下两个方面。

首先是产品的价值，通过解决方案强化客户对于产品价值的认同感，打消客户的顾虑，强化客户的采购信心。

其次是突出己方产品方案的优势，为设置竞争门槛做铺垫。

（3）收益愿景

介绍完解决方案后，应进一步给出按照该方案实行并投入使用产品后所能达到的效果、给客户带来的收益等内容，即为客户呈现愿景。为客户描绘一个有吸引力的愿景，自然可以激发客户的兴趣和采购欲望。但应注意，描绘愿景不是给客户凭空画饼，给出的愿景应建立在实事求是的基础上，并在可控的前提下，适当给出超出客户期望值的愿景，以创造惊喜，进一步强化客户认同。

（4）实施计划

实施计划主要是告知客户产品从采购到落地投入使用的计划与过程，提供实施计划有两个目的。一个是合理控制客户预期。客户经常在签订合同之后，就开始催促厂商，希望尽早看到成果，往往对项目建设缺乏耐心。通过实施计划的介绍，可以让客户明了项目每个阶段的目标和工作计划，以及需要投入的工作量和时间节点，从而合理控制客户对于产品实施的预期。另一个是可以明确项目建设需要调配的资源与工作量，以及进度节点，让客户觉得整个项目在其掌握和可控的范围内，增加客户的参与感。

(5) 预算与报价

成本投入也是客户进行采购决策时的一项重要参考内容，通常在这个阶段，客户会开始关注采购成本，特别是如果客户需要预报采购预算，就会要求厂商提供报价以作参考。因此，提交的方案材料里最好包含与预算相关的内容，但同时也要注意，此时并不需要暴露己方的真实底价，应给己方留出将来的议价空间。此时可以先报一个业内常规价，或者预先了解清楚客户的心理价位，再依据实际情况，酌情报一个价格给客户。

2. 方案材料的验证与呈现

在制订方案的过程中及完成方案的制订后，销售人员可以适当向客户寻求支持，请客户帮忙对方案进行验证和完善。因为客户对业务和单位内部的情况以及决策者的关注点更为了解，能够提供很多更有价值的信息和建议。销售人员可与客户方面愿意提供帮助的角色进行深入沟通，对方案做进一步的完善。

方案最终确定后，可以将其正式呈现给客户。方案材料呈现方式通常有两种情况。

第一种情况是向个人呈现。接收方案的可以是客户方不同层级和不同角色的人，这些人的关注点不同，销售人员在呈现方案时，应把握住不同人员的关注点，略过其不感兴趣的部分，有侧重地对方案进行讲解，如面向技术部门时，侧重于方案的技术优势；面向决策层时，侧重于收益和政绩等。

第二种情况是直接向群体呈现。常见的是在客户的项目讨论会上做方案讲解。这时需要面对客户方多部门、多层级的人，这种情况下就要做到既照顾全面，又抓住重点。全面就是方案要迎合大多数成员的关注点，尽可能地罗列所有可能的关注点，如功能、财务、实施、售后等。抓住重点是指要重点迎合在场的主要决策者，应重点突出主要决策者的关注点，如果能促使主要决策者在现场表态，那么对接下来的销售推进会起到很大的帮助作用。

第六节 提供产品试用

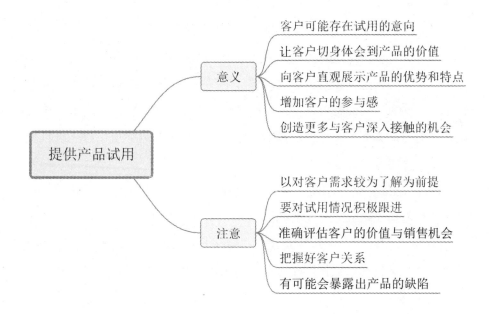

在与客户有了较深入的接触，对客户的业务情况以及需求情况也已经基本了解的情况下，销售人员可以考虑主动为客户提供小规模的产品试用服务。对于厂商而言，这样做的好处主要有以下几点。

① 很多客户在采购前会主动要求进行产品试用，特别是一些强势、谨慎的客户，或关系客户比较重要的采购项目。厂商如果能够主动提供产品试用服务，则可以更好地迎合客户的采购工作需要。同时，厂商如果能提前开展此工作，就可以抢先竞争对手一步占领客户。

② 通过对产品的实际使用，客户可以真实体验到产品的成效和价值，意识到解决问题的迫切性和必然性。这样也是以更有说服力的方式打消客户的采购顾虑，刺激客户的采购欲望。

③ 通过提供产品试用可以向客户直观地展示产品的特点和优势，并可以在试用的过程中对客户进行深度培训，造成客户的使用惯性，使客户产生先入为主的观念，从而可以在一定程度上相较于其他竞争对手形成竞争优势。

④ 通过提供产品试用，可以增加客户的参与感，促使客户将一定的精力放在当前产品上，有时甚至可以给客户造成产品的使用已经是既成事实的效果，那么接下来客户需要做的就是为产品的使用付费了。

⑤ 在产品试用的过程中可以创造更多与客户进行深入接触的机会，并且可以在试用的过程中对客户需求进行更深入的了解以及对客户的需求进行引导。同时，厂商也可以在试用的过程中根据客户的实际使用情况和使用要求对产品方案进行相应的调整和完善，以使产品方案更贴合客户的业务需要和使用习惯，进一步增强己方产品方案的竞争力。

因此，提供产品试用是一种非常有效的推进销售的方式，但同时也有以下几点需要注意。

① 为客户提供产品试用是建立在对客户的需求已经有了较为详细的了解，并且确信通过提供产品试用可以切实打动客户的基础上进行的。否则在试用时如果产品没有达到使客户满意的效果，或是背离了客户的主要需求，那么产品的试用非但不能打动客户，反而会起到相反的作用。

② 在产品试用过程中，厂商对客户的产品使用过程应积极跟进，并对客户进行积极的培训和引导，确保产品真正能对客户的业务运作发挥良性作用。有些产品的试用可能需要客户的业务做出调整以进行适应，厂商应积极配合客户调整业务，尽量帮助客户降低因业务调整所付出的代价。

③ 在提供产品试用前应对客户的价值与销售机会进行准确评估，因为产品试用对于厂商而言是有成本的，对于机会不大或价值较小的客户，提供产品试用有可能最终会得不偿失。

④ 提供产品试用是深入发展客户关系的好机会，同时，提供产品试用也应是在对客户关系的发展有一定把握的基础上才能进行的，否则一方面可能造成客户在试用中不配合或反馈负面试用结果的情况，另一方面可能

造成客户在试用后就没有了下文，或是造成给其他竞争对手作嫁衣的情况。

⑤ 提供产品试用是向客户进行产品展示的机会，但也有可能会暴露出产品的缺陷和不足。厂商在提供产品试用前应对此做好评估，并准备好相应的预案。

思考练习

接第二章的问题，如果小李继续跟进这一客户，那么在产品层面上应该如何运作，如何进行客户的攻关和销售工作的推进？

扫一扫查看答案

CHAPTER 04

第四章

产品采购
——客户为什么要从你这里买?

客户确认了需求的存在,意识到产品采购的必要性,会进一步落实和推进产品的采购工作,使整体的采购进程向前发展。此时,销售进入酣战阶段,销售人员需要充分深入客户的采购决策中,发挥积极的影响作用,既要持续影响客户的倾向性、争取客户的支持,又要对竞争对手形成有效的竞争壁垒;既要从宏观上有效把控整体局势,又要在微观细节上精准操作;既要发挥优势,又要注意规避劣势,以期最大限度地创造从竞争中胜出的机会。

第一节
有需求不等于一定会采购

```
                      ┌─ 多种原因会导致采购被搁置
有需求不等于会采购 ──┤
                      └─ 销售人员应注意诊断并加以推动
```

首先，经过上一阶段的需求开发工作的开展，使客户产生了产品需求，具备了采购动机，但客户确定会进行产品的采购吗？答案并不是肯定的。即使客户有了需求，但也并不一定会进行采购或马上进行采购，常见原因有以下几种。

① 存在顾虑。客户仍对产品方案、应用前景等方面存在某种顾虑，这会导致客户采购信心不足，从而出现采购工作缺乏动力、停滞不前的情况。例如，新产品缺乏成功案例、产品投入应用可能需要付出较大的业务流程或组织结构调整的代价、行业发展或政策层面存在较大的不确定性、产品收益不确定性较大等原因，都会引发客户的顾虑，从而影响客户做出采购的决定。

② 决策或流程原因。由于客户自身采购决策或采购流程方面的原因，导致当前的采购停滞不前。例如，当前采购在客户内部某一环节存在障碍、客户单位内部组织结构变动、原主要决策人调离、产品方案与上级指导思想不符、当前的资金计划不足、客户面临其他重大业务挑战等原因，都可能会导致当前的采购计划被搁置，甚至被否决。

如果销售人员发现，客户需求明确，对产品和方案产生了较大的兴趣，甚至已经进行了较大范围的考察评估，但就是迟迟没有进一步采购的动作，那么就要注意从采购推进上寻找原因。此时需要销售人员与客户进行沟通，找到导致这种情况的原因，并采取相应的策略，以求实现突破，推动客户做出进一步的采购动作。若因为客户存在采购顾虑，就应该找到导致顾虑的原因，并进行安抚，以求打消顾虑；如果是卡在某一决策环节，就要做工作争取打通这一环节。当然，如果确实由于一些无能为力的客观原因导致当前采购的停滞，那么销售人员就要及时收缩调整，把当前客户发展为长线客户来跟进，以待日后出现转机。

第二节
客户是理性的

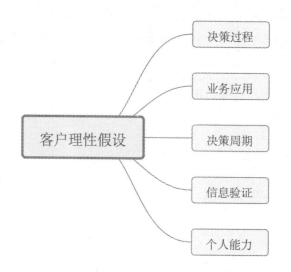

在经济学中有一个"理性经济人"的概念，大概意思是，假设经济活动中的每个人都是理性的，并以此作为依据进行各种经济学理论的分析和推导。在大客户销售中同样可以做类似的假设，即假设我们的客户是理性的，是能够对信息进行准确研判并做出最优决策的，原因有以下几个。

① 客户采购的决策过程通常是由客户内部多部门、多角色共同参与进行的。这些角色从各自的专业角度对当前的采购进行把关，最终的决策结果是这些不同角色综合权衡、碰撞和取舍的结果。这种决策机制首先就可以最大限度地避免和纠正由于个人原因而造成的错误决策。

② 客户所采购的产品必然与其业务紧密关联，从业务应用的角度来讲，客户会有足够专业的判断能力，可以从其业务的实际情况出发，以专业视角对产品进行评估和判断。

③ 大客户销售的决策周期通常较长，并且这个周期由客户来控制，这就使客户拥有足够的学习时间，可以在做出决策前进行充分的信息搜集、

分析、考察和比较。

④ 如同个人消费中的"货比三家",在大客户销售中,客户同样会与不止一个厂商进行接触和互动,因此客户有机会在不同厂商之间进行信息的相互验证,而厂商也非常愿意将此作为打压竞争对手的一种手段。例如,如果 A 厂商向客户提供了有误导性的信息,那么客户在与 B、C 厂商交流时,很容易就可以从 B、C 厂商那里得到对这一信息的验证。

⑤ 对于客户中级别较高的决策者,能够到达这等位置的,通常都具有超出常人的个人能力,能够接触到更广泛的资源,经历过更丰富的历练,因此,这类角色会有更强的洞察力以及决策力。有些时候,这类角色在面对普通人时是具有碾压性优势的,可以很轻易地看穿对方的心机,识破对方的各种小伎俩。

在这里提出"理性客户假设"的目的是,提醒销售人员应该注意,首先,客户不存在冲动消费,其所做的采购决策都是经过深入考量的。其次,客户有足够的分析判断能力,能够做出符合自身需要的最优决策。销售人员应以此作为开展销售工作的前提,在与客户打交道的过程中,不要试图对客户耍手段、玩套路,不要欺骗、隐瞒、误导客户。比如,夸大产品的性能、隐瞒产品缺陷、描绘虚假愿景、做超出自身能力的承诺等。这种行为一旦暴露,首先会对厂商信誉和销售人员的个人信誉造成极大的负面影响,而厂商和销售人员很可能会因此而遭到客户的惩罚性报复。对于这类行为,即使销售人员因客户当时不知情而蒙混过关,但过后客户也一定会反应过来,进而难免会心存芥蒂。如果发生在达成销售前就不可避免地会对后续工作的开展产生影响,即使已经达成了销售,但后续的验收、回款以及长期合作机会等主动权仍然掌握在客户手中。因此,这类行为虽然有可能会有利于促成销售,但对于销售人员来讲存在着极高的风险和后患,同时也是不符合职业道德的一种行为。建议销售人员把"理性客户"作为开展工作的前置条件,摒弃有损诚信的行为和做法,真正从客户的角度出发,开展工作。

第三节
采购决策的组织结构分析

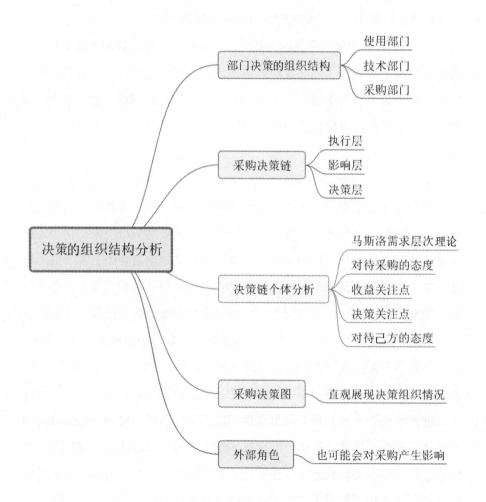

很多销售人员在开展销售工作、进行销售跟进时，面对客户内部复杂的组织关系不知从何下手，或是明知某个节点会对销售产生影响，但就是无从入手。有时销售人员看着竞争对手在客户单位里跑上跑下、轻车熟路，但自己还在围着客户单位中底层的几个角色转。还有的销售人员在与客户中的某一个人建立起关系后，就对其完全信任，将销售的成败押在这一个人的身上，这些情况都会使销售工作陷入被动。

正常情况下的大客户的产品采购通常需要由客户内部的多部门、多工种、多角色参与和执行，所做出的采购决策也是多方参与、协作与博弈的过程和结果。销售人员在实际开展工作时，只有对客户采购决策的这种组织流程和分工保持清晰的认知，才能够确保销售工作开展顺畅，反之则会步履维艰。

销售工作的开展过程实质是与客户单位里每个具体的人打交道的过程，厘清客户采购决策的组织结构及内部纷杂的关系，明晰各节点在项目中担当的角色和起到的作用，以及各具体角色的个性特征和决策关注点，可以更好地指导销售人员有针对性地进行工作的布局与开展，这也是面向大客户开展销售工作时必不可少甚至是影响销售结果的关键环节。

1. 部门决策的组织结构

某大型国有物流运输企业欲引进一套车辆信息化监管系统，用于实现对其下属物流车辆日常作业的远程监控与调度管理，那么我们可以大致梳理出会有以下部门参与到采购工作当中。

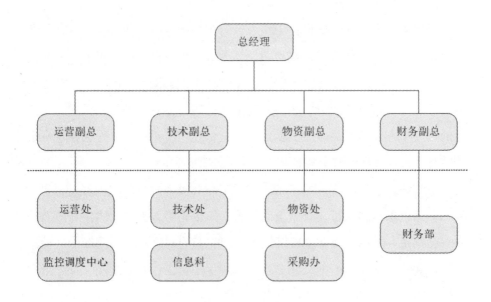

在上述例子中，可以将参与采购决策的部门划分为以下三类。

（1）使用部门

运营处下属的监控调度中心是产品的最终使用者，在这里称为使用部门。使用部门通常具有以下特点。

① 使用部门通常是产品需求的发起者，也是产品的最终使用者和受益者。

② 通常是厂商销售人员最早接触到的部门，在早期便会参与到采购进程当中，并且很可能以牵头部门的角色参与到整个采购进程当中。

③ 使用部门的关注点侧重于产品的功能、使用体验、给其业务带来的影响和未来的应用成效，对产品的评判偏重于业务应用层面。

④ 使用部门虽不能对采购做出最终决策，但通常有较高的话语权，且很可能有一票否决权。

⑤ 对后期的产品使用评价以及验收有较高话语权，产品能否顺利投入使用在极大程度上取决于使用部门的配合程度。

⑥ 使用部门是销售人员在销售初期的最佳切入点，也是销售人员在需求开发阶段时主要面向的对象。

（2）技术部门

信息科负责此类信息化产品技术层面的评估和把关，以及后期的产品试用，在这里称为技术部门。技术部门通常具有以下特点。

① 通常是在使用部门发起需求之后，技术部门开始参与到采购进程当中，但也有可能会作为产品引进的发起方。

② 技术部门负责从技术的角度对产品进行可行性评估，并负责产品比较筛选、方案设计、制订技术标准等工作。技术部门的关注点通常侧重于产品的技术可行性、详细的性能参数、质量、维护保养等内容。

③ 技术部门有可能只是被动执行与采购相关技术环节的工作，也有可能被指定为采购工作的牵头部门，负责协调整个采购工作。

④ 技术部门有权力制订产品的技术标准，也有能力通过设置技术门槛对厂商加以限制。

（3）采购部门

物资处下属的采购办负责产品的具体招标采购，财务部负责资金预算的审批和调配。这两个部门通常对采购决策影响不是很大，但两者均与采购有关，在这里统称为采购部门。采购部门通常具有以下特点。

① 通常只负责最终的采购工作，根据使用部门和技术部门提出的采购要求，负责寻求厂商、组织招标、采购谈判、签约等工作。采购部门通常是在最后实施具体采购工作的阶段出现。

② 采购部门的关注点偏重于厂商实力、价格、付款条件、履约能力、法律风险等内容，并且在执行采购时，会在一定程度上关照使用部门和技术部门的意向。

③ 采购属于较敏感的岗位，一旦采购标准确定，采购部门通常会严格按照采购标准和采购流程来执行。

④ 采购部门在客户内部的采购决策中所占的权重要低于其他两个部门，但有时会是销售人员接触客户的初始切入点。

以上是单位内部采购工作涉及的三类部门群体及各自的特点。常规来讲，使用部门提需求、技术部门定标准、采购部门执行采购，这样就形成了一种权力分散和内部制约机制，可以在一定程度上避免因整个采购工作被单个部门包揽而导致出现问题。销售人员在跟进项目的过程中，工作重心通常也是按照使用部门、技术部门、采购部门的顺序排序，同时也要注意使用部门和技术部门两者之间的决策权重。对于某些采购项目，有的可能是使用部门牵头，技术部门配合，有的则可能是技术部门牵头，使用部门配合。牵头部门会在采购中起到主导作用，并具有较高的话语权和决策权。

2. 采购决策链

有了上述部门决策的组织结构，就可以进一步对其进行细化，将各部门中涉及的参与决策的具体人员对应加入组织结构中，这样就可以整理出一份较为详细的采购决策组织图，这里我们称为采购决策链。

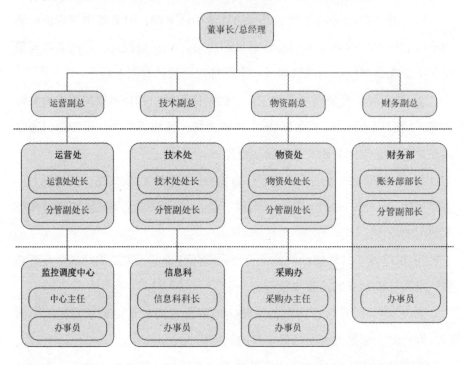

采购决策链可以清晰地描绘出客户采购决策的路线和过程，通过观察，销售人员可以从整体上对客户的采购决策进行分析，快速厘清客户采购决策的组织结构，制订明晰的工作开展路线。

这里可以大致将客户采购组织结构由下自上分为三个层面。最下层的科室负责人和具体办事员负责采购工作的具体执行与操作，这里称其为执行层；中间的处长和副处长处于组织结构的中层位置，无论对上还是向下，都可以起到较大的影响作用，这里称其为影响层；高层的总经理和副总，通常负责各自部门以及总体的最终决策，这里称为决策层。

① 执行层通常只是负责工作的具体执行和操作，并将工作的落实情况不断汇报给直属上级。执行层通常仅对信息进行初步的采集、分析和过滤，具有较低的决策权限和范围。执行层对销售工作的开展起到的支持作用有限，但如果其持不支持或是持反对态度，那么销售人员的工作开展则很可能会受到较大的影响。

② 影响层既可以直接向上级决策层汇报工作，通过对信息的选择性过滤，有能力对上级的决策产生影响，引导决策向期望的方向发展，同时又有能力对执行层进行监督和指导，可以直接对执行层的工作进行干预。因此，影响层在客户的采购决策过程中会具有较高的权重，具有较大的决策影响力。

③ 决策层通常不会过多地关注采购工作的具体细节，或者产品方案的技术细节，影响层是其信息的主要来源之一，因此其做出的决策可能会受到下级的影响。但反过来，决策层的态度、观点和意见会对影响层和执行层产生巨大的影响。决策层具有最高的决策权限和范围，通常较为重要的决策都要经由决策层做最终的评估和决定，同时，决策层拥有一票否决的权力，有能力否定和推翻之前的工作，以及对全盘工作进行重构。

④ 按照从下至上的顺序，各层级对工作细节的关注度越来越低，对最终的成本、收益、风险等战略性内容的关注度则会越来越高。销售人员与各层级的接触难度会逐渐增大，但接触的价值会越来越高。

3. 采购决策链中的个体分析

销售人员开展销售工作、跟进客户其实就是与采购决策链中各个具体角色打交道的过程。销售人员在厘清客户的采购决策链之后，就需要以其为指引，对决策链中的个体进行进一步的分析，并以此为指导，有针对性地面向每个具体的角色开展工作。

对个体角色的分析可以从"马斯洛需求""对待本次采购的态度""收益关注点""决策关注点""对待己方的态度"这五个层面着手进行。下面以运营处处长为例讲解说明。

运营处处长	
马斯洛需求	安全需求、尊重需求
对待本次采购的态度	支持
收益关注点	业务改进与优化、个人业绩
决策关注点	产品功能、使用成效
对待己方的态度	认可己方的产品方案和整体技术实力，有发展为支持者的潜力

（1）马斯洛需求层次理论

马斯洛需求层次理论由心理学家亚伯拉罕·马斯洛提出，该理论将人的需求分为阶梯性的五个层次，从低到高分别为生理需求、安全需求、情感需求、尊重需求、个人价值实现需求。该理论在销售领域既属于老生常谈的话题，又具有非常现实的应用意义。

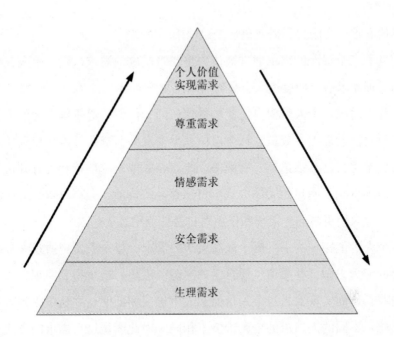

生理需求：包括对衣、食、住、行等一切与个人基本生存相关的需求，缺少了这些，人就不能维持一个正常的生存状态。生理需求是人类开展一切社会活动的基础保障和驱动力。现今社会高度发达，物质生活极为丰富，可以说，任何人的基本生理需求都可以得到保障和满足。因此，这里所说的生理需求更多地倾向于不同人对于生理需求的满足程度和对品质方面的追求。

安全需求：对自身人身、家庭、事业、财产等方面的安全保障的需求。任何人都不希望将自身置于风险之中，不希望面对风险，但不同的人对于安全的认知也有所不同，同一件事情在有的人看来可能存在风险，但在有的人看来则是安全的。同时，不同的人对于安全需求的底线也会有所不同，有的人愿意牺牲一部分自身安全，来换取其他需求的满足。

情感需求：个人对包括亲情、友情、爱情等在内的情感层面上的需求。人是社会化动物，都希望能够从社会群体中找到归属感和情感寄托，如家庭、同事、朋友、伴侣，甚至宠物等。通过在与这些对象的交往中进行情感的付出或得到情感的收获，如支持、关心、忠诚、爱等。情感需求相较于其他需求更为隐秘，需要更加细致地用心发现。

以上三个层次的需求通常被认为是初级层次的需求，当一个人在满足了前三种需求后，便会进入更高的需求层次。

尊重需求：个人希望自己能够得到认同、信赖、尊重等方面的需求，如希望自己的能力、成就、社会地位、手中掌握的资源等能够得到他人的认可，希望自己有话语权、有威信，能够获取他人的信赖和良好评价等。尊重需求得到了满足的人体会到了自己存在的价值，会更自信，会充满热情。通常人们更倾向于信任和任用对自己持尊重态度的人。

个人价值实现需求：属于最高层次的需求，指个人希望通过充分发挥自己的能力去做某些事情，使自己的愿望、理想、抱负得到实现，甚至超越自我，从而实现对自身个人价值和人生价值的证明，并从中得到人生的满足感。不同的人追求的个人价值不相同，因此满足这一需求的方式和手段也不尽相同。

在这五个层次的需求中，生理需求和安全需求属于低级需求，也是目前社会上大多数人所追求的。尊重需求和个人价值实现需求属于高级需求，具备这类需求的通常是具有一定社会地位、具有较强个人能力和较高个人追求的人。一个人在不同的时期、不同的生活状态下，都会有一个主导的需求层次，并且这五个层次的需求通常是逐级产生的，只有满足了低层次需求，人们才会进一步地追求更高层次的需求。

在大客户销售中，这一理论可以帮助销售人员快速地分析和掌握客户个人层面的核心利益以及核心诉求。同时，销售人员在理解和运用该理论时也要注意以下几个问题。

① 在实际工作当中，有的销售人员对待所有客户都仅仅局限在低层次的生理需求上，并且还颇有成效，但这种情况并不代表客户没有更高层次的需求。第一，可能是因为销售人员在客户这里没遇到强有力的竞争对手，因此客户没有更多的可选项；第二，可能是因为销售人员本身没有能力与客户进行更高需求层次上的交流。销售人员在开展工作的过程中应注意发

掘客户更高层次的需求，通常越能满足客户高层次的需求，越容易获得客户的信任与支持。

② 做销售要与方方面面不同级别、不同角色的人打交道，销售人员在对客户做马斯洛需求分析时，要学会换位思考，将自身置于客户的角度，以便对客户做更好的理解和分析。

③ 在套用该理论进行分析时，要与实际情况相结合，要将客户的需求最终落实到相应的内容上。比如，尊重需求可能会落实到通过项目的顺利建成，向上级交差，获得奖励与认可，巩固自己在单位内的地位；个人价值实现的需求可能是在项目的建设过程中，个人能力得到充分发挥，项目建成后，更好地为社会服务，收获良好的社会效益，从而使个人价值得到体现等。

④ 销售人员应对每个具体的个人做具体的细致分析，切忌先入为主，将自己以往的经验想当然地套用到所有人身上。

⑤ 这五个层次的需求往往不是独立存在的，而是会混合出现，但会有主要需求和次要需求之分，因此，不能"一刀切"地认为某人只存在某一个层次的需求，而忽略了其他层次的需求。通常高层次的需求是建立在低层次需求被满足的基础之上的，同样，低层次需求如果没有被满足，那么谈高层次的需求就没有意义。在销售过程中，销售人员要注意在抓住主要需求的基础上，再进行高层次需求的开发。

（2）对待本次采购的态度

对于客户来讲，一个项目建设与否、产品应用与否，其内部必然会有各种不同的观点，即不同的人对待采购会有不同的态度。这种态度通常基于当前的采购给不同的人带来的影响以及这些人从中可以获得的收益，具体表现为推动、支持、中立、保守、反对。

① 推动态度。持这一态度的是采购的强力支持者，通常是对现状存在强烈不满，迫切希望做出改变的角色。这类角色迫切希望通过当前的采购来改变现状，并且对愿景有强烈的预期。

② 支持态度。比推动态度稍弱，但同样拥有较为美好的愿景，希望对现状进行改变，希望通过当前的采购达成愿景。比如，使当前业务得到改良、自身处境得到改善、个人的工作能力得到发挥等。

③ 中立态度。对采购持无所谓的态度，产品的引入与否对其自身影响不大，或是因为表达观点或倾向会存在较大风险等，所以对采购与否并不关心或是不愿意参与到采购当中。

④ 保守态度。持保守态度的大多是因为对采购存在某些方面的顾虑，所以不支持当前采购。

⑤ 反对态度。不希望对现状做出改变，或是改变的方向不是其所期望的，因而反对当前的采购以及反对产品投入使用。持反对态度的通常是因为当前采购与其自身利益产生冲突。例如，前面内容中提到的某国有物流运输企业引进车辆信息化监管系统的例子，该企业中质量督查部门就很可能会对系统的建设持反对态度。因为系统建成后，对车辆运营监管的权力很大一部分会转移到运营部门那里。因此会弱化质量督查部门的权力。还有企业下边的物流车的司机对该系统的运用也可能是抵制的，因为系统建成以后会对他们形成更加严格的监管压力。

销售人员在跟进销售的过程中应注意对持不同态度的客户采用不同的策略。对于持推进态度和支持态度者，应紧密跟进，使其发挥出强有力的支持和引导作用；对于持中立态度和保守态度者，可以通过打消其顾虑，开发其更深层次的需求，使其转变态度；对于持反对态度者，要找出其反对的原因，并进行安抚，尽可能地避免这类角色给采购工作的推进制造障碍。

（3）收益关注点

参与采购的人都会对采购所能够带来的最终收益有所期望，这个收益是多方面的，不同的角色对于收益的关注点也会有所不同。对客户的收益关注点进行分析，可以帮助销售人员因人施策地开展工作，使其更有效地适应以及引导客户的决策。

收益关注点可以分为业务导向和个人导向两个方面，并且对于同一角色，这两个方面的关注点是并存的。

① 业务导向：关注点从业务的角度出发，关注采购给业务带来的改变和影响，如能否对现有业务进行改良、能否使工作效率得到提升、能否让生产出的产品的质量有所提升、能否降低运营成本等。在客户的决策链中，不同位置、不同层级的角色对于业务收益的关注点也会有所不同。

② 个人导向：关注点从个人的角度出发，关注采购给个人带来的收益，如成功完成采购任务能够带来业绩、引进先进的产品可以提升自身的技术能力、带来的变革可以巩固自己在企业的地位、可以打击竞争对手等。个人导向的收益关注点通常更为隐秘，客户并不会在正式场合直接表达出来，需要销售人员通过不断地挖掘信息来分析、发现和验证。

（4）决策关注点

决策关注点主要是指客户在进行各种与当前采购相关的决策时，所关注的主要内容。决策关注点与收益关注点两者有区别又存在联系，收益关注点强调的是对未来收益的关注，而决策关注点倾向于对当下的考量，如成本、代价、风险、需求、技术等。两者在一定程度上互为因果关系，对未来收益的期望会影响到当下的决策，当下做出的决策也会对未来收益产生影响。决策链中不同的人会有不同的决策关注点，比如，使用部门会更多地关注对当前业务的影响，技术部门会更多地关注方案的可行性、产品的适用性与先进性、产品的技术细节等。越高层面的决策者的决策关注点会越复杂和高级，比如，会更多地关注建设风险、投入产出、社会影响、政治关系等。

（5）对待己方的态度

客户方对待己方的态度，即与己方的关系情况。在实际面向客户进行客户跟进时，客户中不同的角色对待厂商、销售人员，可能会存在不同的态度，这种态度可能会决定与己方的关系情况。通常这种关系情况可以分为支持者、中立者以及反对者。

① 支持者：客户中对己方持支持态度的角色，通常会与己方有较为紧密的联系。支持者对己方充分信任和认可，会希望己方能够胜出，并愿意为此提供一定的指导和帮助。

② 中立者：客户中对各个参与到采购当中的厂商均一视同仁、没有任何倾向性的角色，通常会与己方维持较为正常的联系。中立者有可能是对采购持中立态度，因为采购的结果确实对他没有任何影响，或者是其难以从当前的采购中获益，所以不愿意为此投入过多的感情及精力，还有可能是因为其存在风险顾虑，从而不愿过多参与决策，种种原因导致了这些角色持中立的态度。

③ 反对者：客户中不支持己方、反对己方成为其合作伙伴的角色，通常会较少或回避与己方接触。反对者有可能是对当前采购本身就持反对态度，因而对采购持消极应对的态度，对所有厂商均不支持，更有可能是只对己方持反对的态度，这种情况下的反对者通常是竞争对手的支持者。

对于支持者，要与其建立起紧密联系，充分发挥其在采购中的支持作用，同时也要注意处理好与支持者的关系，要避免其转变态度。对于中立者，应与其持续接触，深入挖掘其需求，打消其顾虑，尽力争取将其转化为支持者。对于反对者，既要持之以恒地做对方的工作，找到其反对的原因，尽力安抚其反对情绪，又要善于规避和化解反对者带来的不利影响。

4. 采购决策图

在采购决策链中加入个体分析，可以得到一个更为完整的采购决策链图。

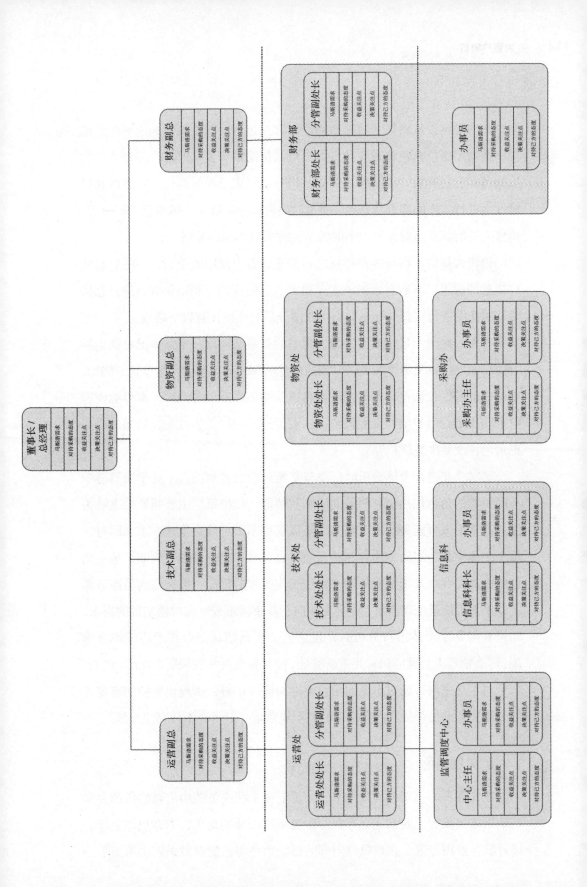

此图既可以从整体上清晰地描绘出客户进行采购决策时的内部组织结构、关系层级、角色构成等信息，又可以帮助销售人员对客户的整个采购决策路径和过程有一个清晰的认知，指导销售人员有方向性、计划性和针对性地进行工作的部署与开展。通过对决策链中的每个个体角色进行分析，销售人员能够在面对客户中不同的角色时采取不同的策略。

销售人员应该在与客户接触之初即开始着手此图的绘制，并随着与客户接触的深入，不断有意识地进行相关信息的探询，利用获取到的信息持续地对此图进行完善与修正。利用此图分析时应该注意以下两点。

首先，此图不是一成不变的，图中的关系结构以及个体情况可能会随着项目的推进以及销售人员获取到的信息的深入和完整而产生变化。例如，单位内部的岗位调整、人事变动或客户采购工作需要等原因，都可能使客户采购决策的组织结构发生调整，从而促使这一图发生改变，如添加、变更角色，改变决策路径等。

其次，在进行个体分析时，要与其所处的位置相结合。处于决策链中不同位置的角色往往会有明显的区别和特征，如决策层主要领导的决策关注点通常不太可能是技术，其马斯洛需求也不太可能是生理需求。同时，每个个体中五个层面的内容和状态通常会存在一定的关联，例如，某一角色的收益关注点是未来业务的改良和工作效率的提高，那么他的马斯洛需求就不太可能是生理需求，而会更倾向于尊重需求或个人价值实现的需求。如果在对某个个体进行分析时发现这五个层面的状态存在矛盾或不合常理，那么销售人员就应该对此重新验证，探寻导致反常的深层次原因。例如，某个对本次采购持反对态度的角色突然向己方示好，表现出支持的态度，那么就要考虑是否是其内部决策已经尘埃落定，其不得不放弃"反抗"。

5. 外部角色

在大客户的一次采购过程中，除了上述采购决策链中出现的角色会参与到采购决策外，通常还会存在一些决策链以外的角色，如客户的上级、设计院、业内专家、客户单位内部的活跃角色等，能够对采购决策施加一定影响，在此将他们称为外部角色。

（1）客户的上级

可以是客户的上级主管单位、业务指导单位、项目审批单位、拨款单位、行业权威者、老领导等。可能具体的采购或建设不需要这些上级部门直接参与，但他们可以提出相关的指导意见或建议。这些角色所提出的指导意见或建议通常能够对客户的决策形成一定的压力，产生一定的影响。

（2）设计院

很多项目的建设需要有第三方设计院的参与，客户方作为业主单位，会邀请第三方的设计单位参与进来，进行可行性评估或负责方案设计方面的工作，设计院也会站在专业的角度为业主单位提供相应咨询以及各方面的建议。此时厂商可以尝试对设计院施加影响，进而起到对客户的采购决策产生间接影响的作用。

（3）业内专家

在正常情况下，采购与业内的专家基本没有交集，但如果能够让这类角色出面，同样也可以对客户的决策产生一定的影响。这个影响可以是积极有利的，也可以是消极不利的。业内专家可以是学术科研者、行业内有影响力者、有同类产品使用经验者等。

（4）客户单位内部的活跃角色

在进行客户跟进的过程中，有时我们可以发现，在某些客户单位中会存在这样的角色，虽然当前的采购不在其工作职责范围内，也与其没有关联，但这些角色却乐于与厂商接触，帮助厂商在中间穿针引线。

销售人员要善于开发这类虽不在客户决策链当中，但是有能力对采购决策产生影响的外部角色。如果能争取到这些人的支持，并加以利用，那么有时会收到意想不到的好效果。

第四节
客户内部关系的拓展

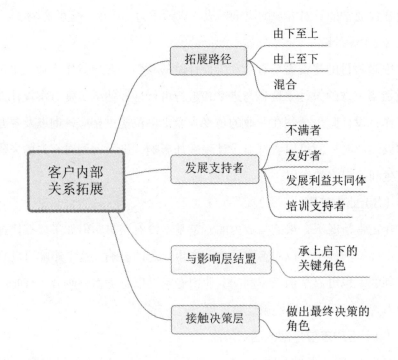

不论是需求决策链还是采购决策链,都是由一个个具体的人构成的,销售人员最终都要与这些人打交道。销售工作的开展、对客户的跟进,也是在切入客户中后,不断拓展客户关系,不断地做实点、打通线、覆盖面的过程。

1. 关系拓展路径

销售人员切入客户的初始切入点可以是客户中的任意一个角色,在切入客户中后,以此为突破点,逐渐拓展客户中的关系资源,最终覆盖到所有与采购决策相关联的角色。关系拓展路径即销售人员在切入客户中后，拓展客户内部关系资源、探索和打通采购决策链工作的开展路径。不同的初始客户切入点会决定不同的关系拓展路径，但通常有以下三种常见模式。

（1）由下至上

这是最常见的一种销售开展方式。销售人员先是通过某些机会与客户的执行层中的某个人建立起联系，然后以此人为突破点，逐渐拓展客户内部关系，与影响层、决策层建立起接触。

在这种模式下，首先要做实与该执行层人员的关系，充分照顾到其收益关注点和决策关注点，同时要积极配合其工作，根据其工作需要为其提供优质的支持服务，以此得到对方的认可，然后进一步争取到执行层的支持和帮助。

在这种模式中，销售人员通过下级引荐，与其上级建立接触是比较常见也比较有效的路径拓展方式。但在实际工作中，可能会遇到执行层人员并不愿意向上级引荐厂商的销售人员的情况，原因如下。

① 对厂商的产品不认可、不满意，认为以现有的状态向上级汇报没有意义。

② 担心厂商与上级对接上后，会弱化自己的地位，使自己丧失对厂商的控制和主导权。

③ 认为销售人员级别低，水平不够，没必要向领导引荐。

④ 该执行层人员已经和其他厂商协定，不愿意帮助当前厂商。

⑤ 认为即使将销售人员引荐给上级，也不会对自己有帮助，如帮助自己说话、巩固工作成果、被表扬工作能力等，甚至有可能会对自己造成负面影响。

相反，如果一个执行层人员愿将厂商引荐给他的上级，那么可能是出于以下原因。

① 确实认可了厂商的产品或方案，或者该厂商已经通过了他这一层的考核筛选，他可以放心地交给上级做进一步的沟通交流。或者是因为他已

经没有做更进一步决策的权限了。

② 厂商存在某些亮点，主动展示给上级，以此向上级邀功。

③ 上级强势，下级没有任何权限，对所有厂商都要一视同仁地交给上级定夺。

④ 希望通过销售人员向上级表达一些内容，如工作困惑、预示风险、资源需求、重大变动等。

⑤ 主动向厂商示好，或者已经与厂商达成了一致，愿意为厂商的工作开展提供一定的支持和帮助。

在自下而上的路径模式下，该执行层人员既是销售人员切入客户的突破点，又是整个路径的起点，如果这一步没处理好，那么接下来会非常被动。销售人员首先需要做实与其接触到的执行层人员的关系，然后以此为突破点，向上进行客户关系的拓展。

（2）由上至下

从客户单位的决策层开始向下开展销售工作。这通常是最理想的一种销售开展方式，但也是机会比较难得的方式。这种模式通常有以下两种情况。

① 已经做实了决策层人员的工作，得到了决策层人员的认可或已达成某种共识，确认可以继续向前推动当前工作。这种情况下，决策层人员至少已经是当前采购的支持者或当前厂商的支持者。决策层通常会从下级指派具体的负责人与当前厂商对接，此时厂商应积极做好对接工作，推动以及配合影响层和执行层的工作开展，推动客户不断做出进一步的采购动作，推动客户的采购进程向前发展。销售人员可以适当利用决策层的想法、意图和关注点对下级人员施加影响，但也应避免过多地运用决策层的影响力，或是打着决策层的旗号向下级人员施加压力，否则很容易会引起对方的反感。同时也要注意与影响层和采购层人员的关系处理，尽量争取到这些人员的支持。

② 厂商的销售人员通过适当的机会与客户的决策层人员建立起联系，但对方对此并不是十分感兴趣，或是持进一步考察的观望态度；或者因不

想过多参与其中、不便直接表态等原因，对与厂商销售人员的接触持谨慎态度。在这种情况下，决策层人员通常并不会直接拒绝厂商，而是仍有很大可能会安排下边的人做对接，但此时厂商销售人员的存在感、话语权、工作力度都不及上一种情况。决策层仅可视为切入客户的切入点，销售人员仍需要对影响层和执行层人员进行攻关，做好销售的支持和跟进工作，争取得到这些人员的支持，然后反向对决策层施加影响。

（3）混合

切入点为中间的影响层。此时，以影响层为出发点，既要向上与决策层接触，又要向下对接执行层。这种情况下，销售人员要充分利用客户内部上下级之间的相互影响力，由上而下时，充分运用上级的意图和关注点对下级施加影响，对下级人员的工作形成引导；由下至上时，发挥下级人员在工作执行过程中对上级的影响作用，向决策层施加影响。同时，销售人员也应积极与决策层建立起关系，争取得到决策层人员的认可与支持。

2. 发展支持者

支持者又称为"教练""内线""自己人"，顾名思义，即客户内部对己方持支持态度、希望己方能够在竞争中获胜并愿意为己方提供帮助的角色。支持者的作用首先是在客户内部发挥决策影响力，推动决策走向，运作企业的采购决策朝向对其所支持的厂商有利的方向发展，营造出对其所支持的厂商有利的形势。其次是能够为厂商提供有价值的情报信息，例如，单位内部的组织关系、决策动向、单位内部相关人员特别是主要决策者的态度和关注点、竞争对手的信息等，这些信息对于销售人员是非常宝贵和有用的。最后是可以对销售人员的工作开展进行指导，其所掌握的信息和经验，可以帮助销售人员制订销售工作的开展策略和行动计划。

能否在客户内部成功发展支持者是决定厂商成败极为重要的因素，在很多的销售管理中，都会把成功发展支持者视为销售工作的重大进展、销售进程的重要里程碑。

销售人员在切入客户内部后，可以发现客户内部存在两类角色，在这里分别称为不满者和友好者，这两类角色通常都是发展支持者时不错的突破点。

(1) 不满者

客户中通常会存在一些对现状不满、迫切希望有所改变的角色，这类角色存在对现状进行变革的需求，有时甚至会病急乱投医。如果此时厂商能够迎合对方的这种需求，同时做好客户关系工作，那么可以很容易得到对方的信任，进而得到其支持。这些角色的不满可能来自以下三个方面。

① 对当前的业务现状不满，比如，生产的产品良品率低、员工工作效率低、成本居高不下等各种业务中存在的现实问题。如果厂商提供的产品解决方案可以有效解决其现状中存在的问题，则不满者会很愿意接纳厂商，进而双方达成共同的目标。

② 对个人在单位中所处的状态不满，希望通过当前采购改变现有格局或有所突破。比如，权力被其他部门侵占、个人地位受到威胁、在单位中存在感较弱等。

某企业之前对于原材料的采购一直由物资部负责，作为最终原材料使用部门的生产部的意见却基本起不到作用。后来在分管生产的副总的牵头下，引入了几个同类原材料的供应厂商，并且该副总还在企业内部进行游说，推动企业建立了供应商入围制度。此举改变了原来关于该产品采购物资部"一言堂"的局面，给原供应商和物资部都造成了很大的打击。

③ 对原有合作的供应商存在不满，比如，原来的供应商提供的产品方案存在问题，不能很好地满足其需求；对合作条件不满意；原供应商忽视了不满者的存在，没有照顾到其诉求等原因，导致不满者希望能够找到其他合适的替代厂商。

当销售人员发现了客户中的不满者时，首先应向其展示自身实力，使不满者确信厂商确实有能力帮助其改变现状、达成愿景。其次要充分照顾到不满者各方面的诉求和关注点，进而与不满者结成一个拥有共同目标的共同体，双方共同朝着目标的达成而努力，此时该不满者即被发展为厂商的强力支持者。

（2）友好者

在客户的内部经常会存在这样一类角色，其对来访厂商均不抵触，甚至乐于接纳，愿意通过交流了解厂商，并有可能会为厂商提供一定的帮助，这类角色通常会具有以下一个或几个特点。

① 有较多的空闲时间和精力，愿意主动给自己找事情做。

② 头脑活络、善于钻营，希望参与到各种采购活动中。

③ 职务或地位较低，或在单位中处于边缘，不敢轻易冒犯厂商，有的甚至会主动示好、接近厂商。

④ 纯是兴趣所致或性格原因，如对人友好、愿意结交朋友、愿意帮助别人等。

销售人员在开展工作时，如果发现了客户单位中的友好者，通常可以很容易地与其建立起联系。此时应表现出足够的友好和尊重，并充分发掘对方的关注点。

与友好者打交道时也应注意，其既然能对己方友好，很可能也会对竞争对手友好，因此要注意，不要过早或过多地向对方透露己方的一些关键信息，如底价、行动计划等，以防被竞争对手通过友好者获取。友好者通常不会拥有过高的决策权限，或不在采购决策核心当中，销售人员可以将其视为突破点，但不能过多地将精力放在其身上。同时，对于友好者所提供的信息，销售人员也要注意过滤和验证，不要不加分辨地完全相信。

某厂商的销售人员刘经理在运作某大型集团的一个项目，在和集团人员打交道的过程中了解到，该集团下面最大的一个分公司的总经理王总还有一个多月就要退休了，于是刘经理直接拜访了王总，表达了希望王总退休之后能够帮助自己运作该项目的想法。王总经过较详细了解后，认为刘经理厂商的各方面实力均不错，产品也确实能满足集团的采购需要，于是很痛快地答应了刘经理。王总正式退休后，利用自己在集团中积累的资源帮助刘经理和各部门沟通。各业务部门都很给老同事、老领导面子，于是该项目进展很快，顺利落地。

（3）发展利益共同体

利益共同体即双方有共同的、一致的目标，一旦目标达成，双方都能从中得到期望的收益，从而实现双方的共赢。与客户结成利益共同体之后，双方的利益都绑定在了目标达成的前提之上，于是双方便有了共同的、一致的目标，并愿意共同努力推动目标达成。此时，对方便真正成了己方的坚定支持者。

发展利益共同体的前提是，厂商确实有能力为客户提供满足其需要的优质产品，确实可以帮助客户顺利完成产品的采购和应用，并帮助客户达成预期的采购目标。首先这是因为客户出于安全上的考虑，如果客户力撑的厂商在产品投入使用后出现问题，那么也会使客户受到不良影响；其次，客户也会优先选择支持有竞争力、赢的机会大的厂商，如果其所支持的厂商没有赢的机会，那么客户最终也什么都得不到。

客户的利益有很多方面，销售人员应注意开发和关注，而一旦双方就此达成了一致，那么就相当于双方具有了共同的目标，从而为建立利益共同体关系打下了基础。

利益共同体并不是"同呼吸，共命运""一荣俱荣、一损俱损"，它首先是建立在安全的基础之上。对客户来讲，理想状态应该是如果达成目标，则可以从中得到收益，但无论最终成功与否，都不会给自己带来任何麻烦。客户可能会有一定的承担风险的准备，但一定不会为了支持厂商而承受超出自己承受能力的风险，因此，销售人员在面向客户发展利益共同体时，应该注意不要让客户产生安全上的顾虑。

信任是利益共同体能够顺利结成的前提，首先要让客户信任厂商的实力，让客户知道支持当前厂商是正确的选择；其次要让客户信任销售人员个人，让客户知道当前销售人员是诚信、可靠的，其一定会兑现承诺，并且不会将客户置于危险之中。

某厂商销售人员陈经理最近在开发一个客户的项目，某天到客户那里做拜访，业务部门的李处长带下边的工程师刘工一同与陈经理会面。在谈完主要问题，双方闲聊时，陈经理"无意间"提到，因该项目对业务的影响比较大，之前他的很多客户都会新设立一个科室，来负责该业务的落实以及日后业务的运转。说者"无心"，听者有意，这次会面后，刘工对该项目变得更加积极，经常主动与陈经理联系，咨询各种相关问题，陈经理也在与刘工的沟通中表示，一定会全力支持他的工作。

在这个案例中，陈经理顺利开发了刘工的个人诉求，并与之达成了一致，在后续的工作开展中，相信刘工会为陈经理的工作提供很多支持和帮助。

（4）培训支持者

支持者的一个重要作用是，推动客户单位内部的采购决策方向往对被支持厂商有利的方向发展。但在很多时候，支持者虽然愿意提供这样的帮助，但并不知道应该怎么说、怎么做。例如，在召开内部会议讨论相关问题时，支持者既要显得客观、公正，又要有说服力地表达出对其所支持的厂商有利的观点和言论。但支持者通常对产品以及这类采购的运作并不是很懂，因此往往不知道应该怎么去说，这就需要销售人员对支持者进行培训，告诉支持者应该怎么做、怎么说。支持者会根据情况将这些内容转化为合适的表达方式，在适当的场合进行表达。

对支持者进行培训，更多的是双方一起汇总信息，共同商讨、制订以及验证行动策略。销售人员既要根据需要为支持者提供必要的支持和培训，又要向支持者提出行动上的要求，这样才能充分发挥支持者的作用。

3. 与影响层结盟

在客户的决策组织结构中，执行层权力有限，很多时候即使想帮忙也不一定能起到预期的作用；决策层虽然重要，但通常难以建立联系，或是决策层因事务繁忙等原因不愿过多参与其中。而影响层处于决策层与执行层之间，向下可以对执行层的工作进行指导和干预，对执行层反馈的信息进行过滤，并具有更高的决策权力；向上可以为决策层提供信息和参考意见，对决策层的决策施加影响，同时也是决策层所安排的工作的直接执行者。相较于执行层，影响层具有更大的决策权力和对决策层的影响力；相较于决策层，影响层更容易建立关系，对当前采购的参与程度也更高。因此，销售人员在跟进客户的过程中，与影响层结盟，争取到影响层的支持，通常是最有效、最现实的首选策略。

4. 接触决策层

在大客户销售中，如何与决策层接触并建立关系是令很多销售人员头疼的事情，首先是因为约见决策层难，不容易获得与决策层接触的机会，同时也因为销售人员与客户的决策层领导的身份、地位、阅历等都不在一个层面上，即使有了与决策层接触的机会，会面时销售人员也难以与其进行有效的深入沟通。所以，很多时候销售人员通常宁愿投入大量精力做下边的工作，来弥补决策层关系的欠缺，有时甚至省略掉决策层的工作，而将成败寄希望于影响层和执行层。这类弱化处理与决策层关系的做法是存在很大风险的，原因如下。

① 决策层是所有决策方案的最终审核者，也是做出最终决策的人，其完全有能力否决下级以及厂商之前所做的工作，或者调整工作重心和工作方向。例如，决策层可以否决之前的方案，指出厂商的不足，甚至叫停采购等，这就可能会导致厂商之前所付出的努力付之东流。

② 决策层的倾向性对下级具有很大的影响力和强烈的暗示作用，即使

决策层某个不经意的表态，也可以极大地影响到下级人员的工作方向。

③ 销售人员与决策层建立起联系后，可以突破影响层和执行层的封锁，避免受到其控制。例如，影响层和执行层已经有了中意的其他厂商，对己方的工作开展不配合，甚至处处设限，当己方与决策层建立起联系后，下面的人就会有所顾忌，某些情况下己方也可以绕过下面直接将信息呈现给决策层，再经由决策层向下落实，同时也可以避免下级向决策层提供对己方不利的误导性信息。

④ 与决策层建立起联系后可以加深对项目的掌控，通过对需求决策链的分析可知，决策层有更大的对需求决策的权力，包括决定需求的范围。如果能够做通决策层的工作，得到决策层的认可，那么完全可以在合作模式、需求的深度与广度、项目进度等方面进行对己方更有利的拓展和调整。另外，也可以利用决策层向下施加影响力来控制采购的进程，包括采购发展的方向和节奏，从而可以营造出对己方更有利的局势。

总之，销售人员在面向客户开展工作、进行销售跟进时，如果忽略或放弃决策层，那么决策层就会成为影响销售结果最大的不确定因素；如果能够与决策层建立起良好的关系，得到决策层的认可和支持，那么厂商在当前的销售中将会占据极大的竞争优势。因此，决策层是客户采购决策中最为重要的一环，与决策层进行接触并建立起良性的关系是销售人员必须要面对和开展的一项工作内容。

销售人员在与决策层会面前，应事先做好充分的准备，主要包括几个方面。

① 业务方面。熟悉包括客户的企业背景以及本次采购的业务背景等信息，如企业的经营情况、行业趋势、发展前景、企业文化、当前业务现状、存在的困惑、需求分析等。掌握了这些内容，销售人员在与决策层进行交流时会表现得更为专业、对客户更为了解，同时也是在与决策层交流时用来制造共鸣的内容。

② 个人方面。首先包括决策者的个人背景，如出身、家庭、教育、职

业履历、个人爱好、性格等信息，了解这些信息可以更好地对决策者进行个人分析。其次是了解该决策者对本次采购的观点和态度以及主要关注点等，可以根据搜集了解到的信息，结合前边提到的个体分析工具，对决策者进行一次初步的个体分析，从而在与对方沟通时更好地迎合对方的想法、打动对方。

③ 准备好会面时的谈话内容。对于采购，决策层通常更关注成本、收益、价值、风险、影响等战略层面的内容，而对于厂商，决策层通常更关注厂商的实力、业绩、行业地位、履约能力、商务模式、厂商背景等内容。因此，应着重针对这些方面进行准备，但也不排除决策者会关注一些技术上的细节，总之准备的内容越充分越好。

④ 注意级别对等的问题。因决策层属于企业高管，特别是一些大型企事业单位，决策层都有较高的级别，在会面之前，销售人员应先了解该决策者是否有级别对等这方面的习惯，如果有，而自己的级别又不够，则应向自己公司请求支援，请公司的高层出面给予支持。

以上相关信息可以从客户中的支持者那里获得，在与决策层会面前，可以先与支持者沟通，得到支持者的指导。例如，通过支持者了解与决策层会面时有哪些方面的禁忌、决策层主要关心哪些方面的内容等。同时也要注意事先与影响层和执行层沟通好，以免在与决策层沟通时，销售人员所提供的信息与影响层和执行层向上汇报的信息产生偏差甚至矛盾，造成不必要的误解和影响。

与决策者往来时，应侧重以下内容的展现。

① 价值与收益。介绍价值与收益，一方面是因为这类内容通常是决策层的主要关注点，另一方面是因为通过这类内容可以坚定对方的采购信心，并且可以向对方呈现厂商和销售人员的价值与能力。

② 展示实力。包括企业实力和产品实力。目的是让对方确信厂商有能力为其提供优质的产品或方案，有能力帮助其将当前的采购项目做好。

③ 竞争优势。向对方导入己方的差异化优势，目的是如果导入的内容

能够被决策层所接受,那么很可能会成为其采购决策时的硬性指标,这样就可以给其他竞争对手设置强有力的竞争门槛。

在绝大多数情况下,与决策层关系的开展是建立在厂商可以切实满足其业务需要、采购需要的基础上,也就是说,销售人员和厂商首先要将当前的销售工作做好,然后才能谈及其他,特别是在初次与决策层领导会面时,对方很可能会安排下边的具体负责人一同参加会面,此时更应该以谈业务为主。初次会面的主要目标通常是与对方建立起联系,并留下一个好印象。在初次会面时可以预留下伏笔,用作再次拜访的借口,事后择机与对方联系,预约下次拜访,再进行关系的进一步发展。

第五节
打消客户采购顾虑，推动态势顺利发展

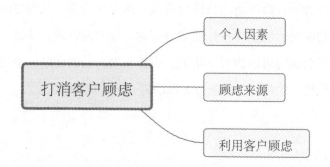

客户在开展采购工作的过程中，会因为对可能存在的风险和不确定因素的担心，从而不愿意做出进一步的决策或行动，或是做出可以规避其所担心的内容的决策或行动，对风险和不确定因素的担心即客户的顾虑。客户的顾虑很可能会对客户的采购决策、采购行动以及采购的进程产生影响，严重的甚至会威胁到厂商的销售机会。因此，销售人员在开展销售的过程中，需要注意对客户顾虑进行有效把握，要善于发现、消除以及利用客户的顾虑。

首先，客户在开展采购工作的过程中，做出的一切与采购相关的决策以及行动最终都能够追责到个人身上。如果个人出现失误，如做了错误的判断，那么这个人就会承担相应的责任和损失，因此可以认为，客户存在顾虑的本质原因是出于对自身安全方面的考虑，不会对客户个人安全产生威胁的，通常不会引发客户顾虑。

其次，客户的顾虑可能来源于各方面。比如，对产品的质量、功能、售后的顾虑，对厂商履约能力的顾虑，对产品投入使用的最终效果的顾虑，对产品某项功能参数的顾虑等。但总体来讲，客户是根据其当前所掌握的

信息，结合自身的分析判断而产生相应的顾虑的。销售人员在开展工作的过程中，需要根据实际情况对客户进行安抚，消除客户顾虑。以下便是一些常规的消除客户顾虑的方法。

① 为客户提供翔实的数据说明、权威检测认证等材料。

② 为客户进行产品演示并提供小批量试用。

③ 为客户提供详细的项目规划设计和产品解决方案。

④ 组织客户参观成功案例，安排客户到厂商处进行考察。

⑤ 寻求权威背书、第三方佐证。

⑥ 制订可行的保障性条款，确保客户的掌控能力和主动权。

⑦ 加深交流，流露出足够的诚意，充分建立客户信任。

⑧ 帮助客户梳理局势，强化客户信心。

……

最后，客户的顾虑虽然可能会给厂商的销售工作带来负面影响，但如果厂商能够善加利用的话，客户的顾虑也可以帮助厂商营造有利的形势。一方面可以通过利用客户顾虑来打击竞争对手。例如，针对竞争对手产品上的某项缺陷，引导并放大客户对于此缺陷的顾虑，从而对竞争对手形成打击。另一方面可以通过客户顾虑来引导客户采购工作的开展。例如，己方在厂商实力占优的情况下，可以尝试引导客户产生对厂商实力方面的顾虑，进而推动客户做出对厂商进行实地考察的动作；可以尝试通过引导客户产生对售后服务方面的顾虑，从而促使客户强化对售后服务的需求等。总之，客户的顾虑是一把"双刃剑"，销售人员既要注意对客户的顾虑进行安抚，消除对己方形势不利的客户顾虑，又要善于利用客户的顾虑，引导客户的采购工作朝着对己方有利的方向发展。

第六节
千万别忽视方案的制作

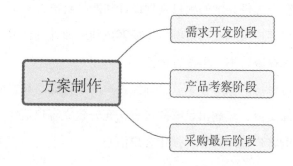

在一次大客户销售的过程中，销售人员通常需要准备三次方案材料，并在不同阶段呈现给客户。

首先是在需求开发阶段向客户呈现的方案材料，主要目的是帮助客户明确并强化需求、推动采购流程，这部分内容在前面章节中已经做了讨论。

其次是在客户进行产品考察与方案论证时，向客户呈现的方案材料。主要目的是坚定客户的采购信心，打消采购顾虑，深度导入厂商产品，深度引导客户需求，推动客户初步建立采购标准。此时应向客户呈现较详细的项目设计和产品解决方案，方案中应针对客户需求给出明确的产品方案，对客户的关注点给予积极的响应，对己方产品进行详细的介绍，以及要突出己方的优势内容。同时要针对客户存在的主要问题和顾虑，在方案中给予明确的响应。

最后是在采购进入最后阶段时，客户着手制订明确的采购标准，准备进行招标采购时所呈现给客户的方案材料。主要目的是配合客户制订采购标准的工作需要，为客户制订采购标准提供重要参考和施加影响。此时方案材料的内容要包括详细的产品功能以及技术参数，尤其要重点突出可以给竞争对手设限的内容。提供该方案材料前应充分与客户进行沟通，要尽可能在征得客户的同意后，再提供该方案材料。同时在客户制订采购标准的过程中，也要保持与客户的沟通，随时配合客户制订采购标准的工作需要，帮助客户完成采购标准的制订工作。

第七节 关于招投标

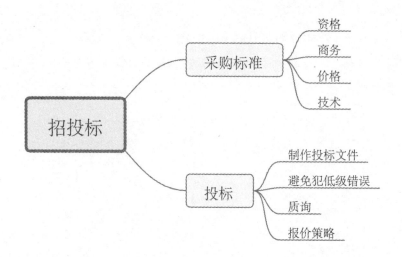

招投标是一种常见且有效的大宗商品交易方式。首先,从采购方的角度来讲,招标能够使采购方更广泛地对供应商进行遴选,能够使厂商形成更充分的竞争,从而帮助采购方筛选出更合适的供应商。其次,招标采购能更好地体现出"公开、透明、公平、公正"的采购原则,可以避免采购环节存在暗箱操作。因此,招标采购已经成为大客户尤其是政府企事业单位等客户进行采购的常规做法。

与招投标相关的法律法规主要有《中华人民共和国招标投标法》《中华人民共和国招标投标法实施条例》《中华人民共和国政府采购法》《中华人民共和国政府采购法实施条例》,以及一些行业性、地方性法律法规,如《工程建设项目施工招标投标办法》《机电产品国际招标投标实施办法》《政府采购货物和服务招标投标管理办法》《工程建设项目勘察设计招标投标办法》《北京市工程建设项目招标范围和规模标准规定》等。这些法律法规对招投标的操作做出了约束和要求，基本可以作为相关客户进行招标采购的操作规范。销售人员可以适当地对这些法律法规进行了解，这样既能够更好地熟悉和适应相关客户的招投标采购，又可以保障自己的投标权益不会受到侵害。

招投标是一个双向的过程，采购方发布招标信息，厂商通过投标参与到采购竞争当中。招标通常有以下三种方式。

① 公开招标：又称竞争性招标，通过各种公开渠道发布招标采购信息，有能力的厂商均可参加。公开招标对参与厂商的数量不设上限，但要求最少要有3家厂商参加，如果最终不足3家，则可能会流标，即本次招标作废，采购方择期重新招标，或者是转为竞争性谈判。

② 邀请招标：简称邀标，又称有限竞争性招标。不同于公开招标的公开发布招标信息，邀标通常是以投标邀请书的方式，定向邀请通常不少于3家的特定厂商参加投标。邀请招标仅对潜在投标人的准入方面与公开招标有所区别，其他的评标程序两者基本相同。

③ 议标：有时又称为竞争性谈判，类似于邀请招标，但通常只邀请一家到两家厂商参加，通过采购方与厂商进行一对一谈判的方式最终确定中标厂商。

后两种招标方式常见于标的较小、专业性强、时间紧迫、涉密等不适宜公开招标的采购。

比较常规的评标方法包括综合评估法和经评审的最低价中标法。综合评估法即对投标人从资质、商务、技术、价格等方面进行综合评估，根据预先设计好的评分规则和评分标准，对投标人进行量化打分，最终得分最高者胜出。此方法常用于规模较大、项目复杂、技术含量高、技术方案和施工方案等对采购成果影响较大的项目采购。经评审的最低价中标法是指按预设的标准分别从资质、商务、技术方面对厂商进行评审，层层筛选掉不符合标准的厂商，对最终通过评审的厂商进行比价，价格最低者胜出。

此方法适用于市场上产品成熟、标准化程度较高或技术含量不高,以及采购方对价格敏感的产品的采购。

在实际的招标采购中,有些客户会自主完成招标工作,有些会委托给第三方招标公司完成。一次典型的招投标过程通常可以大致分为以下几个步骤。

① 采购方经过前期的筹备,确定采购标准,编写招标文件。

② 采购方发布招标公告,厂商通过渠道获知招标信息。

③ 厂商投标报名,购买招标文件。

④ 厂商根据招标资格要求提供预审文件,通过资格预审后,获取招标文件。

⑤ 厂商解读招标文件,评估投标可行性。

⑥ 厂商组织编写投标文件,制作标书。

⑦ 开标前厂商缴纳投标保证金,开标当日到达开标现场递交投标文件。

⑧ 招标方评标。

⑨ 招标方确定中标人,公布评标结果。

⑩ 公示,预留质疑时间。

⑪ 招标结束,确定最终中标人。

1. 采购标准

客户在正式采购前,会制订出明确的采购标准,在客户内部,这份标准是客户群体决策的结果,在正式发布前会经由各职能部门确认。对于投标厂商,采购标准则作为对厂商进行评判的依据,最终与采购标准匹配情况最优的厂商,才能在本次招标中胜出,并有资格成为客户的合作伙伴。由此也可以看出,客户的采购标准对厂商销售结果的重要性。通常在大客户销售中,销售人员前期所做的一切铺垫,最终都是为了这份采购标准。

一个完整的招标采购标准通常可以分成资格、商务、价格、技术四个部分，招标方会根据采购标准制订相应的评分方法，对投标厂商从以上四个方面分别进行评判，然后根据投标厂商对标准的响应程度对厂商进行量化打分。

（1）资格部分

资格部分是对投标厂商需要具备的最基本的资格要求。比如，营业执照、行业资质、产品检测认证、代理商授权、最低业绩、财务审计等内容。资格部分的作用是设置最低准入条件，以排除不具备基本能力的竞标者或恶意竞标者，从而起到对投标厂商进行初步过滤的作用。资格部分的内容属于硬性要求，只有满足要求的投标厂商才能够进入之后的评审环节。

（2）商务部分

商务部分的主要目的是对投标厂商的综合实力进行评审，为客户筛选出更有实力、履约能力更强的厂商。商务部分的主要内容常规上包括以下方面。

① 对企业实力的要求。例如，企业资质、规模、注册资金、财务审计、荣誉嘉奖等内容。

② 对产品实力的要求。例如，产品生产能力、相关资质、检测认证、成功业绩等内容。

③ 对履约能力的评判。例如，生产供货方案、工程量核算、物资清单、项目组成员配置等内容。

④ 对服务保障的要求。例如，付款条件、售后服务等内容。

（3）价格部分

价格也可以认为属于商务的一部分，但价格因素通常占较高的权重，因此在这里单独列出。

在价格评判方面，采购方会在招标文件中明示本次的采购预算，或是给出价格区间，报价超过预算或不在区间内的投标厂商会被直接否决，对未超过预算的，再根据其报价评分。价格评分的方式有很多种，有的复杂，有的简单，厂商应对招标文件中关于价格评分部分的内容进行仔细研读和理解，然后确定对己方最有利的报价方案。

以下是两种常见的价格评分方法。

① 低价优先法。报价最低者得满分，然后根据其他报价高出最低价的比例计算得分。

例如，价格分总分20分，A、B、C三个投标厂商分别报价100万元、120万元、160万元，那么得分情况如下。

A厂商：价格最低，得满分20分

B厂商：（100÷120）×20＝16.67（分）

C厂商：（100÷160）×20＝12.5（分）

这种价格评判方法可以使厂商形成充分的价格竞争，最大限度地压缩报价、节约采购开支。但这种方式可能会导致出现厂商之间恶性拼价格的情况，厂商利润被压缩，履约能力变差，客户的采购质量和后期权益难以得到保障，使得后期风险增加，这种局面对供需双方都是不利的。

② 基准价偏差打分法。根据投标厂商有效报价计算出一个基准价。比如，可以取所有投标厂商报价的平均值作为基准价，然后根据各投标厂商的报价与平均值的偏离程度进行打分，越接近基准价者得分越高，与基准价偏离度（高于或低于）越高者得分越低。这种价格评判方式可以有效地避免投标厂商之间恶性拼价格情况的发生。

例如，价格分总分20分，取有效报价的算数平均值作为基准价，投标厂商的报价每高于基准价1%，扣0.5分，每低于基准价1%，扣0.3分，不足1%的按四舍五入计算。那么价格分的计算公式如下。

价格得分 ＝ 价格分 －（｜投标报价－基准价｜）÷基准价×100×扣分值

利用此价格分计算公式，上例中A、B、C三个投标厂商的价格分计算情况如下。

基准价 =（100+120+160）÷ 3 = 126.67（万元）

A 厂商（低于基准价）：

20 -（| 100 - 126.67 |）÷ 126.67 × 100 × 0.3 = 13.7（分）

B 厂商（低于基准价）：

20 -（| 120 - 126.67 |）÷ 126.67 × 100 × 0.3 = 18.4（分）

C 厂商（高于基准价）：

20 -（| 160 - 126.67 |）÷ 126.67 × 100 × 0.5 = 6.8（分）

以上是价格评分的两种常规方法，其他大多数的价格评判方式通常都是以这两种常规方法为基础演变而来的。

（4）技术部分

技术部分是招标方当前所采购的产品技术方面的标准和要求，通常包括以下内容。

① 整体的项目设计方案、产品设计方案。

② 产品详细的功能要求、技术指标、技术参数。

③ 实施方案、售后等方面的要求。例如，项目实施方案、工程质量保障措施、施工安全保障措施、售后服务保障措施等。

其中，对①③的评判通常比较主观，即评标人可以根据自己的理解来进行评判，有较大的操作空间，而对于第②点的内容则可以明确地加以量化。

2. 投标

对于一次准备充分的招投标，通常在正式开标前就应该对结果有较为明确的判断。但随着近年来各方面制度的逐渐完善和规范，对于招标采购过程的监管愈加严格，厂商的维权意识也越来越强，从而使招投标愈加规范，招标结果的不确定性在逐渐增大，类似某个厂商前期做足了铺垫，但最终被其他厂商仅通过投标便翻盘的例子也并不鲜见。因此，厂商除了在招标前做足工作外,对投标这一过程,以及具体的投标工作也应该足够重视。

在投标阶段,厂商最重要的一项工作就是制作投标文件。一份内容精良、规范的投标文件,可以提高中标的概率,特别是对于流程规范、监管严格的招标,最终对投标厂商的评判完全可以摒弃其他因素的干扰,仅以投标厂商的投标文件为依据对各投标厂商进行客观评判。

(1)制作投标文件

以下是投标文件的一般制作流程。

① 在编写投标文件前,应首先仔细研读招标文件,逐字逐句理解招标文件中的内容,彻底理解招标文件中对厂商在资格、商务、技术和价格方面的要求和意图。

② 通常招标文件中会提供投标文件模板,厂商应严格按照模板编写投标文件,不要随意增加、删除或改动。

③ 单独列出招标文件中所要求的各项资质类内容清单,并着手逐一准备,切勿遗漏。特别是对于一些需要第三方开具的文件,如厂商授权、资信证明、犯罪记录查询等,这些都需要一定时间,要提前准备好。

④ 有商务和技术偏离表的,应按照要求逐项明确填写,应多加入正偏离内容,尽量不要有负偏离。

⑤ 一些由售后服务方案、产品设计方案、施工方案这类投标厂商自由发挥的内容,通常厂商都有现成的模板内容,但不建议直接复制粘贴,应针对本次招标中客户的需要有针对性地编写相关内容。

⑥ 报价部分应严格按照招标文件中的报价要求报价,注意数字、大小写,认真核对分项单价与总价等内容。

⑦ 注意排版,应按照招标文件要求的格式进行排版,如封面、目录、页眉、页脚、页码等。

⑧ 编写完成后,根据招标文件中的评标办法重新审视做好的投标文件,从评审的角度对投标文件进行预审,主要检查评标办法中需要响应的

内容是否都已经具备，以及是否已经完美响应。

⑨ 打印样本，交由专人检查，条件允许的话，应在公司内部组织模拟评标会，预演评标环节，尽可能地暴露出可能存在的问题，并做进一步的完善。

⑩ 根据招标文件要求打印、装订投标文件，注意商务部分、技术部分是否分开装订，正、副本的数量，正、副本应至少各多制作一份留做备份。

⑪ 按照招标文件要求签字、盖章，切勿有遗漏。

⑫ 再次交由专人做最后检查。

⑬ 按照招标文件中的封装要求封装投标文件，注意是否要求提供电子版投标文件，以及唱标函、开标一览表、承诺函等。

⑭ 至少应比开标日期提前两天完成投标文件的封装，开标当日预留充足的时间到达现场。注意招标人是否查验资质原件，如有要求，应一并携带。

（2）避免犯低级错误

投标文件的制作和投标是较为烦琐的工作，虽然投标厂商对于投标做足了准备，并且投入了大量的精力，但在一些容易被忽视的细节上，依旧非常容易出现失误。例如，下列错误虽看似低级，却是很多人的血泪教训，应该充分注意。

① 错过投标报名时间。

② 赶往某地投标报名，但没带齐要求的资质文件。

③ 投标文件漏签、漏盖章，封面、封条不符合招标要求的格式，密封有瑕疵。

④ 重要内容文字错误，如大小写、小数点位置、公司名称、招标编号等出现错误。

⑤ 从以往投标资料中复制粘贴过来的内容，里边的项目名称、招标人名称等内容没做相应修改。

⑥ 遗漏了招标文件中要求的资质，或提供的资质不匹配。

⑦ 资格、资质等内容的时效不符合要求。

⑧ 投标响应有遗漏。

⑨ 忽略了招标方发出的答疑、澄清、告知函等公告，从而忽略了招标方对投标文件内容做出的变更。

总之，参加投标的前提是保证不被废标，因此对于投标过程一定要给予足够的重视，对于投标准备工作的每一个细节都应反复、仔细地核对，以最大限度地排除可能存在的问题，避免出现失误。

（3）向招标方发质询

根据《中华人民共和国招标投标法》《中华人民共和国政府采购法》等相关法律法规的规定，意向投标人可以对招标提出质询，包括招标文件的内容、招标过程、招标结果等。招标方在收到质询后应在规定的时间内给出明确的答复。质询可以分为开标前的质询和开标后的质询。

对于开标前的质询，作用如下。

① 招标方在收到质询后，应在规定的时间内给予书面答复，进行答疑或澄清。如果涉及对招标文件内容进行澄清或变更的，通常要将开标日期向后相应顺延，因此，质询有时可以起到拖延开标时间，给投标厂商争取更充足的投标准备时间的作用。

② 对于对招标文件中理解不明确的地方，通过质询可以得到招标方的解释说明，有助于投标人更好地对招标文件进行理解。特别是对于一些可能存在陷阱的内容，可以通过质询让招标方做出进一步的明确。

③ 对于对意向投标人不利的内容，如果意向投标人确实能够提供有说服力的理由或证据，那么可以通过质询迫使招标方对相关内容进行变更，以达到排除不利因素的作用。

④ 对于招标中存在明显瑕疵或明显倾向性的内容，如果向招标方发出质询，招标方出于安全考虑，有时可能会主动放弃当前招标，宣布本次招标作废，从而对投标方起到破坏作用，一方面打击了竞争对手，另一方面为己方的再次运作争取时间。

开标后的质询通常是在厂商没有中标的前提下，如果确实有足够的理由或证据能够证明招标过程存在不合理之处,或预中标厂商存在明显的违规、造假等情况,则可以通过质询使本次招标作废,或推翻评标结果,从而再次争取机会。

多年前曾被动参与一次客户的招标,当时在拿到招标文件后,发现其中有这样的内容:

"具有国家级高新技术企业认证的得3分,具有省级认证的得1分,没有任何认证的不得分。"

但事实是,国家在2008年便取消了对国家级、省级高新技术企业认证的区分,而是统一为国家级高新技术企业,仅是国家不再负责相关的认证审批,而是统一将审批权下放至省一级相关单位。即2008年以后拿到高新技术企业认证的,皆是国家级的,仅盖的章为省级审批单位的章。

针对此情况,己方立即向招标方发了质询,并很快得到了招标方的答复,对方同意将该项评分内容变更为"具有高新技术企业认证的得3分,不具备认证的不得分",并且将开标日期向后延期。这样既消除了这一对己方不利的评分内容,又为己方争取到了更充足的投标准备时间。

(4) 报价策略

在评标时,价格往往会是非常重要的一项内容,特别是对于一些将价格分设置占较高权重的招标,即使有厂商在商务与技术部分占优,但仍可能会因价格部分的失误而被竞争对手反超。反之,如果厂商在商务与技术部分并不具备明显优势,那么可以考虑通过有策略地报价,最大化地赢得价格分优势,以期评标总分能够超过竞争对手。

对于像最低价评分法、经评审的最低价中标法等价格评分方法,报低价往往是最安全的方案。即使厂商在其他评分项目中有优势,但为确保安全,也会报出一个可接受的最低价。如若厂商在其他评分项目中没有优势,那么为了赢得竞争,更是会不惜一切地杀出最低价。

对于基准价评分法,主要思路就是尽量拉近己方报价与基准价的距离,降低己方报价与基准价的偏差，充分利用评分规则来赢得分数。下面的案例便是如此。

某项目的招标中，价格部分的评分方法如下。

价格评分 (60分)	高于本次招标采购预算的为无效投标，报价评分根据满足要求的报价取平均值作为评标基准价，基准价为满分60分，低于基准价的，每低1%扣0.3分；高于基准价的，每高1%扣0.5分。

当己方介入这个项目时，竞争对手已经运作得比较到位了，己方的工作没起到太大的作用，基本属于被动参与投标。业主招标信息发出来后，己方报名并拿到了招标文件。经过评估己方发现，在商务方面，里面有两项竞争对手独有的资质要求，能够帮助对方领先4分；在技术方面，一是因为双方在产品上并没有什么明显差异，二是因为产品的定制化程度较高，即使有些参数标准己方当前不满足，但也可以在投标文件中进行响应，后期完全可以按照招标要求进行定制开发，因此在技术方面双方旗鼓相当。但考虑到业主的倾向性，技术部分己方仍给竞争对手预留出3分的优势空间。这样，除去价格部分，竞争对手预计会领先己方7分。

这次招标方的采购预算为230万元，业内的产品成本价大约在70万元，市场常规报价通常在130万~150万元。考虑到该项目是竞争对手一手操作的，如无意外，对方基本上胜券在握，因此对方在报价方面肯定会最大化地追求利润，再加上用以往的竞争经验作为参照，己方预估对方的报价会在200万元左右，并且对方应该会再引入两个厂商配合投标。

最终开标时的情况是这样的：己方共有四家厂商参加投标，预中标公司报价160万元，另外三家分别报价110万元、112万元、115万元；对方有三家厂商参加投标，预中标公司报价186万元，另外两家分别报价227万元、229万元。一切都在预料之中，对方意图拉高平均价，而己方则在拼命拉低平均价。根据评分规则，最终己方价格分为59.5分，对方价格分为52.8分，己方领先6.7分，并且在技术部分己方预计的3分差距实际只有 2 分，因此，最终己方以 0.7 分的优势险胜。

当然，上述案例中也存在很大一部分运气成分，因为其中还存在诸多的不可控因素。如果再有第三家预中标厂商来参与投标或是竞争对手的报价再降一些、技术部分没那么幸运地找回 1 分，那么己方就没有机会胜出了。但无论如何，最终己方还是利用报价策略打败了竞争对手，赢得了项目。

第八节 关于竞争对手

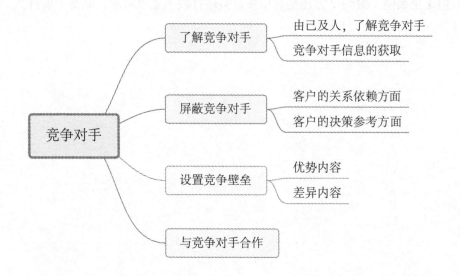

排除掉某些特例,绝大多数的产品都不会只有单一的厂商生产供应,而是通常会有一批厂商生产供应同类或可替代产品。同样,除某些特殊个例外,任何一个行业都难以存在绝对的行业垄断,而是通常会有一批大、小厂商参与到行业的竞争当中。这些大、小厂商依靠各自的生存法则在行业内生存发展,而大、小厂商之间的竞争最直接、最现实的体现就是在终端客户层面的竞争。

从客户的角度出发,客户通常是乐于见到这种竞争局面的,更多的厂商意味着更多的参照和选择,同时也能够通过厂商之间的竞争享受到更优质的产品、服务以及更优惠的合作条件,从而实现自身利益的最大化。但是从厂商的角度出发,是不希望这种竞争局面出现的,因为竞争对手的出现首先意味着会降低自己成功的概率,对当前的销售机会产生威胁;其次竞争意味着厂商需要投入更多的资源，以及向客户做出更多的让步，抛出更优惠的条件，这就意味着厂商要做出更多利益上的牺牲和让步，所以即使最终赢得竞争，也很可能会降低当前销售项目的收益。

但是，这种竞争可以说是厂商不愿但又不得不面对的，销售人员在面向客户开展销售工作时，不可避免地会遭遇到竞争对手的阻击、干扰甚至搅局。同样，从竞争对手的角度来看，当前厂商也处于同样的处境，是对方的阻击者、干扰者、搅局者。因此，竞争对手也是大客户销售过程中不可忽略的一个要素。

1. 了解竞争对手

（1）由己及人，了解竞争对手

前面章节中已经提到过"知己知彼，百战不殆"。在面对竞争对手、与竞争对手开展竞争前，首先应该对竞争对手有所了解。

通常销售人员在日常工作的准备和开展过程中应该已经对行业内的竞争对手有了较深入的了解，包括竞争对手的背景、实力、产品、常规打法等情况，特别是那些经常遇到的竞争对手，对其相关情况应该已经比较熟悉，此时更多的是要了解竞争对手在当前客户这里的相关情况。

当己方在对客户开展销售工作时，竞争对手同样也在对客户开展工作；己方在向客户施加影响、争取客户的支持时，竞争对手也会做同样的工作。可能在有些方面己方占优，而有些方面则会被竞争对手抢先。在前面的内容中，我们介绍了开展大客户销售工作时的主要流程、节点以及主要工作内容，此时我们可以以此作为指导思路，进行竞争对手情况的搜集和分析。举例如下。

在早期的切入客户阶段：竞争对手的切入点是哪里？是如何切入的？

在需求开发阶段：竞争对手的工作进展情况如何？为客户做过产品演示吗？演示效果如何？递交过产品方案吗？能否获取到竞争对手的方案？

向客户主推的产品功能点和价值点有哪些？其主打的卖点和优势有哪些？客户认可吗？

在推动采购阶段：竞争对手在客户内部关系拓展的程度如何？客户关系处于采购决策链的哪个位置？与哪些人关系密切？哪些人是其支持者？带客户做过考察吗？拜会过主要决策人了吗？主要决策人的态度如何？参与客户采购方案制订的程度如何？

总之，在开展销售工作、进行销售跟进时，己方所关注的一定也会是竞争对手所关注的，己方所经历的通常竞争对手也会有所经历。因此，首先可以对己方在开展工作时所经历的内容进行总结，然后拿这些内容与竞争对手同态比较，并进行分析。举例如下。

客户组织相关部门观摩过一次己方的产品演示，那么，客户是否也为竞争对手组织过同样的活动？如果是的话，参会人员有区别吗？评价如何？

己方销售人员与客户某决策层领导进行了私下会面，竞争对手是否与其也有过这种私下的交流？

己方认识了某个具有一定影响力的外部角色，希望能够通过此人对客户的采购决策施加影响，那么竞争对手是否知道此人，是否与其有过接触？

客户要求己方提供产品方案和报价，是否也向竞争对手提了同样的要求？如果否，为什么单单只对我们提了要求？

因为各厂商在竞争中所处的态势有所不同，具体开展工作的方式和思路也会有所差异，所以应该把自己放在竞争对手的角度去思考。当处在对方的态势时，会寻求怎样的突破点、采取什么样的策略、实施哪些动作，以及客户方面会如何响应，然后寻求机会对这些推测的内容进行验证，再根据实际情况阻击应对。举例如下。

己方在产品上占有明显的优势，那么竞争对手会如何应对呢？报低价？扭转客户需求？攻关客户主要决策人？

对方在客户关系上占有优势，那么会如何对己方进行阻击呢？快速推进采购？最大化地导入产品差异？固定客户需求？

（2）竞争对手信息的获取

关于竞争对手的情况，通常可以从以下三个方面获取。

① 公司资源。例如，公司以往在其他项目上与竞争对手交锋的经验，公司有具有这方面经验的同事和领导。

② 客户中的支持者。客户中的支持者利用其身份优势，可以非常容易地了解和掌握到己方竞争对手的各种信息，并且既然是己方的支持者，自然乐于为己方提供这样的帮助。

③ 竞争对手内部。有些时候，厂商和厂商之间可能是强竞争关系，但两个厂商的员工之间却未必如此。厂商销售人员可能从竞争对手的员工那里获得有价值的信息。当然，在这种情况下，双方的信任度也是非常低的，应该对获取到的信息仔细甄别，防止被竞争对手故意干扰。

2. 屏蔽竞争对手

销售人员在开展销售工作时，一方面要争取客户的认可，另一方面也要通过向客户施加影响，达到对竞争对手进行屏蔽的效果，从而尽可能地将竞争对手从客户的备选名单中排除出去。

对竞争对手的屏蔽可以从客户的关系依赖和决策参考两个层面入手。

（1）客户的关系依赖方面

第一是客户关系。客户在采购过程中，会与不止一个厂商的销售人员打交道，这些销售人员都希望能给客户留下良好的印象，努力与客户结成良好的关系。站在客户的角度，客户对各厂商通常会有一个好感度的排序，即使客户表现出来的是一碗水端平的态度，但实际上客户对不同厂商、厂商的销售人员都会有主次之分，即使客户自己没有察觉，客户的潜意识中也会如此。如果厂商能够占领该"主要位置",那么竞争对手自然就处于"次要位置",此时处于"主要位置"的厂商就拥有了竞争优势,可以有更多机会、更顺畅地与客户进行沟通和互动,客户也会更倾向于接纳和信任这个厂商。

第二是客户依赖。对于较复杂产品的采购,客户通常并不具备独立完成采购过程中全部工作的能力。例如,对于产品方案的规划、需求分析、预算制订等工作,以及解决采购过程中遇到的相关问题和疑虑等,这些都要依赖厂商的支持和协助,客户通常也会乐于接受厂商提供的这种支持和协助。销售人员应尽可能地争取和把握住为客户提供这方面服务的机会,提供优质的、使客户满意的服务,由此便有机会使客户对销售人员产生依赖感,有需要时就会优先想到向该厂商寻求帮助,这样就起到了对其他厂商产生屏蔽效果的作用。

这里的客户关系和客户依赖两者之间有一定的因果和相互促进关系。通常情况下,较好的客户关系是发展形成客户依赖的前提,客户对厂商产生依赖后可以更好地促进和巩固厂商与客户的关系。销售人员在进行客户跟进时,应该积极推动客户关系升级,并为客户提供优质的支持服务,在客户关系和客户依赖两个方面实现"独占",从而对竞争对手形成有效屏蔽。

(2)客户的决策参考方面

客户在进行采购前会根据搜集了解到的信息,不断地从多个维度对厂商、产品进行综合的评估比较。评估比较的结果会直接影响到客户的采购决策,因此,通过为客户提供决策参考信息的方式来对客户的采购决策施加影响,使客户的需求方向、采购倾向偏离竞争对手,也是对竞争对手进行屏蔽的一种方式。

需要注意的是,在与客户进行这方面的沟通交流时,应避免夸张、欺骗、讲对手坏话等,这些行为很容易使客户反感,并产生抵触情绪,从而给自身带来负面影响。

以下是几种常见的销售人员向客户传递信息的方式。

① 陈述事实。对于一些明确存在的事实情况,可以以陈述事实的方式

告知客户。如果客户事先不知道该情况，那么此时客户便有所了解；如果客户事先已经知道，那么也可以起到对该事实进行强化的作用。举例如下。

"据了解，××公司的这款产品上个月才刚刚研发出来，目前还没有实际应用的案例，产品在成熟性和稳定性方面明显会存在较大的问题。"

"听说××公司的核心技术团队已经出去另立门户了，他们在后续的产品持续开发和二次升级这一块恐怕难以支撑下去了，您需要注意一下这个情况。"

"虽然××公司的产品主打原材料利用率，但实际上其产品存在能耗高、生产效率低的问题。这样的设备在投入使用后，虽然表面上看起来确实节约了原材料成本，但实际上如果算上能耗和生产效率的话，综合算下来成本不但没有下降，反而还会有所增加。"

② 中立建议。相对于客户，厂商的销售人员对行业和产品的了解更为专业，有时销售人员可以跳出买卖双方的角色和立场，从中立第三方的角度为客户的采购决策提供诚恳意见，前提是要保证提供的参考意见确实是可信的和对客户有帮助的，当然，也要是对己方有利的。这种以中立态度提供的建议往往更容易让客户接受。

一次到某地出差，当地朋友顺便介绍了本地某企业的产品使用部门的负责人陈科长，该企业早些年采购过一批国外品牌的同类产品，目前使用效果不错，近期也没有什么新的采购计划。此次过去拜访陈科长只是先认识一下，想作为长线来发展。因为有朋友的介绍，所以见到陈科长后并没有过多地介绍己方的产品，只是简单说了下自己也是做这一块儿的，然后聊到了目前对方产品的使用情况。陈科长说他们使用的是××品牌的产品。

我当时是这样和陈科长说的："陈科长眼光不错，××公司这个型号的产品确实挺不错的，性能够用，稳定性也很好。"

因为得到了肯定，陈科长很高兴，于是我又接着说道："这两年咱们国内的厂商也在努力追赶，特别是前两年国家出台了一系列的产业扶植政策,现在咱们国内也有几家做得不比国外的差了,主要是价格还能便宜很多。比如,××、××和我们公司的产品(没有只提我们自己,而是特意带上了另外两家厂商)。如果您这边再有需要的话,可以考虑支持一下国货了。"

陈科长听后说:"国内我还真没了解过,有时间把你们的资料发我一份,我了解了解。"

这次拜访结束后,我把产品材料给陈科长发了一份,通过这次交流,"国产不比进口差,还更便宜"这样的印象已经传递给了陈科长,为日后对方再有采购需求时己方的切入做好了铺垫。

③ 客观比较。不同的厂商在实力、服务、产品等方面一定会存在差异,与竞争对手相比较,有可能某些方面己方优于竞争对手,而某些方面劣于竞争对手。这些差异通常也是客户的主要关注点,客户会对这些差异进行比较,从中选出对自己最优的选项。基于"厂商比客户更专业"这样的前提,销售人员可以站在客观、中立的立场,为客户提供中肯的参考建议,帮助客户进行分析比较。当然,这样的工作要以树立和巩固己方优势为导向,重点突出比较结果中己方的优势,并以此引导客户,屏蔽竞争对手。举例如下。

"陈部长,目前市场上这类产品众多,如果您逐个考察,会费时费力。这是我们前一段时间委托调研公司做的行业调研报告,包括业内几个主要厂商和产品的情况,并做了客观分析。通过这个材料基本可以对国内这类产品的情况有大致的了解,您可以看一看,作为参考先了解一下。"

"如果单纯地比较企业规模,我们确实不如××公司,主要是因为××公司业务涉猎得广,而我们的优势在于更专业。我们公司专业生产这类产品已经近十年了,如果单纯比较这类产品,那么无论是市场占有率,还是产品的性能、质量、成熟案例、用户口碑以及后期的研发支持等方面,我们都占有绝对的优势。"

④ 预示风险。主要仍是从厂商之间存在的差异入手,帮客户设想如果

客户做出某种选择，可能会出现的结果，为客户预示"错误"选择所带来的风险，以此来引导客户放弃对己方不利的选择。举例如下。

"××公司的价格虽然低，但是他们并没有在本地设立售后服务机构，因此恐怕日后的售后服务难以得到保障。这次采购的产品与核心业务紧密关联，一旦产品出现问题，就可能会导致业务大面积中断，如果到时候不能及时恢复，后果恐怕会极其严重。"

"××公司的产品采用的仍是上一代的技术，虽然方案比较成熟，但在性能和扩展性上已经明显落后于最新一代的方案了。日后贵公司的业务还要扩展，但他们的产品很难实现在现有的基础上对产品进行升级和扩容，只能是推翻现有的，重新建设，这样后期的成本就会非常的高。"

3. 设置竞争壁垒

厂商在与竞争对手开展竞争的过程中有一项重要的工作内容，就是给竞争对手制造障碍，提高竞争对手的进入门槛，并通过这些门槛的累积和综合作用，最终形成稳固的竞争壁垒，从而将竞争对手排除出局。为竞争对手设置门槛的主要思路仍然是围绕着客户需求来展开，要保证设置这些门槛的内容是确实符合客户当前实际业务需要和采购需求的，是真正对客户有利的。这样，这些障碍的内容才是合理的，才能为客户所接受，进而才能确保这些门槛能够顺利且稳固地被设置。

设置门槛的内容主要可以从两方面入手，分别是优势内容和差异内容。

优势内容：己方明显要优于竞争对手的内容，特别是一些己方具备但竞争对手不具备的内容。比如，己方在本地设有售后服务中心，而竞争对手没有；己方产品具有某项功能，而竞争对手不具备该功能等。对于这些优势点，要努力将其开发成为客户的需求点，这样就会对竞争对手形成一个强力壁垒，使竞争对手因为无法满足客户需求而被屏蔽在客户的选择范围之外。

差异内容：双方都具备，但存在一定差异的内容。比如，同样的一项功能但在性能参数上存在一定差异；针对同样的功能需求，各厂商以不同的技术路线来实现等。对于这一类差异内容，各厂商之间通常不会存在太大的差异，很多情况下从客户的角度来看都是可以接受的，并不会存在太大的选择影响。但是对于厂商来讲，这些差异内容却是很好的限制竞争对手的手段，厂商应充分将这些差异内容中对己方有利的部分导入给客户，使客户认同和接受，并将之作为采购的标准。

某次跟进一个客户的采购项目，产品方案中需要用到一种人机交互终端设备，操作人员可以通过该设备读取系统的运行信息，并进行一系列控制系统运行的相关操作。当时己方采用的是"显示屏+实体按键"的设计方案，而我们的主要竞争对手采用的是一体触摸屏的设计方案，竞争对手方案的优点主要是结构紧凑、美观。当时针对此差异项，己方经过分析后，决定从以下几点对客户进行引导。

①实体按键更有操作质感。
②实体按键的操作反馈更明显，可以有效防止误操作。
③工作人员戴手套也可以直接进行操作，更符合现场业务需要。
④容错性更好，触摸屏如果出现问题，则整体无法再进行任何操作。
⑤可靠性更高，后期维护方便，维修成本低。

通过对客户进行以上内容的导入，并邀请客户进行了实际的产品体验后，客户最终认同了己方的观点，确定将实体按键交互终端纳入采购标准。这虽然不足以将竞争对手彻底屏蔽出局，但也为其工作的开展制造了不小的障碍。

4. 与竞争对手合作

在一些销售项目中，厂商之间、厂商的销售人员之间除了竞争关系外，也有可能开展合作。例如，下面的几个案例。

例一

某行业中的一类产品，国内共有6家厂商生产供应。该类产品技术成熟，生产工艺简单，因此采购方基本采用"资质＋最低价"的方式招标采购。早年行业处于上升期，市场需求旺盛，厂商均处于产能饱和状态，但近年来行业趋于平稳且有所下滑，各厂商产能过剩，因此开始出现厂商拼价格抢客户的竞争局面，厂商利润暴降，颇为不好过。后来，有内部人士出面协调，促使各厂商之间达成一致，按区域划分市场销售范围，从而规避了厂商之间的恶性竞争，实现了行业利益的最大化，使各厂商都能够从中获益。

例二

某地交通系统信息化建设项目，当时己方及另外两家厂商介入的时机都要晚于当地的某电信运营商，通过与客户的前期沟通，能够感觉到客户明显倾向于该电信运营商，一是因为其介入得较早，在前期帮助客户做了一些规划；二是因为其属于本地企业，各方面的关系资源要明显优于外来企业。己方与另外两个厂商已经打过很多次交道，彼此也算熟悉，基于当时的情况，我们决定暂时放下我们之间的竞争，联手应对此种情况。因为该项目涉及利用电信运营商的移动通信网络做数据传输，所以我们轮番向客户游说该运营商的网络并非最优选择，其网络制式存在缺陷，数据传输效果及后期的兼容性都存在极大的问题，不能满足当前业务需要以及未来的系统升级和扩容需要。经过几轮游说，终于推动客户进行实际测试，经过测试，确实将该运营商在这方面的问题暴露了出来，客户最终接受了我们的意见，该运营商退出了该项目的竞争。

例三

某央企的一个信息化项目，当时己方的主要竞争对手为当地的B公司，己方是产品生产商，B公司是另一品牌的代理商。在该项目的竞争中，己方的优势体现在整体方案和产品性能方面,要优于B公司所代理的产品;B公司的优势体现在拥有较好的本地资源和本地化服务。客户内部也存在着两种倾向,可以说我们两方都有机会,但又都没有十足的把握。根据这种情况,己方向B公司抛出橄榄枝,提出了让B公司抛开原合作厂商,作为己方的代理商,双方合作,共同推动该项目的想法,己方先就此想法与客户方面进行了沟通,客户非常支持,然后经由客户将该想法转达给了B公司,有了客户的协调,B公司也接受了这样的合作建议。最终,B公司以己方代理商的身份中标该项目,从而避免了两方的恶性竞争,实现了共赢。

以上案例说明,厂商之间并不一定是纯粹的你输我赢的竞争关系,厂商之所以愿意投入资源参与竞争,最终目标是对利益的追求。在某些情况下,厂商之间通过合作实现利益的最大化与合理分配,从而实现共赢,也是一个比较好的选择。

第九节
守局与破局

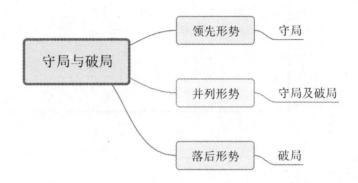

在销售过程中,厂商所处的竞争形势无非有三种:领先、并列、落后。销售人员首先要对自己所处的形势保持清醒的认知,然后有针对性地开展工作。当处于领先形势时,应该巩固并继续扩大领先优势,此为守局;在处于并列或落后形势时,应积极寻求突破点,制造优势、弥补劣势,以达成形势的扭转,此为破局。

在本书的开头已经提到过,大客户销售的三个要求分别是产品、商务以及技术,其中,技术属于需要厂商销售人员主观发挥的内容,而产品及商务的态势决定了厂商在竞争中所处的形势,这里我们将销售形势做如下划分。

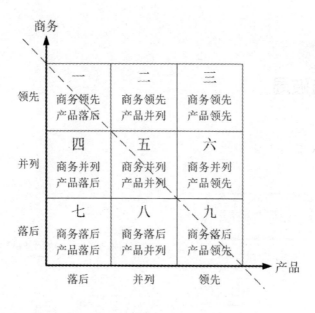

形势划分图

1. 领先形势

在二、三、六的情形中,己方具有较明显的优势,处于领先的形势。

形势二、三:己方拥有良好的客户关系,同时己方的产品也得到了客户的认可,此种情况属于大客户销售中最理想的状态。在这两种形势下,己方首先考虑的是应该推动客户加快采购工作的进程,全力协助客户完成招标采购的前期准备工作,推动其尽快实施采购。同时,也要利用优势面屏蔽竞争对手,封锁竞争对手的销售路径,不要给竞争对手留下任何转机。

形势六:在客户关系上,客户对己方和竞争对手都没有表现出明显的倾向性。出现这种情况有多种原因。例如,客户内部形势较为严峻,大家都比较谨慎,不愿轻易表态;竞争对手拥有优势商务资源;竞争对手在意识到产品处于劣势的情况下,加大了商务上的公关;己方过于重视产品,忽略了商务上的工作等。在这种情况下,己方应加大在商务上的工作力度,在客户决策组织结构中寻求突破点,与己方的支持者紧密结盟,安抚并争取中立者和反对者，弱化反对者的决策影响力。尤其要注意对主要决策者的争取，并持续巩固己方在产品方面的优势，以及从客户需求入手，制造新的客户需求，从产品的层面进一步为竞争对手设置障碍。

2. 并列形势

在一、五、九的情形中，己方与竞争对手旗鼓相当，或各有优劣，但总体处于并列形势。

形势一：此种情况最有可能面对的是己方的老客户，或己方介入得比较早的客户，以及己方拥有优势客户资源的客户。在这种情况下，客户会希望己方能够赢得竞争，并愿意提供帮助，因此己方要充分为客户制造支持的理由。比如，可以从控制客户需求、节约采购成本等方面入手，为客户打造最贴合使用需求的产品方案。同时，应和客户保持紧密联系，结成深度的利益捆绑，尽量封锁竞争对手的销售路径，将竞争对手屏蔽在客户采购决策核心之外，同时尽快推动采购落地。

形势五：此种情况出现的可能性很小，且大多发生在销售的初期阶段，各厂商均介入客户不深，客户对产品的了解不深入，还没形成明显的倾向性。这一阶段各厂商都处在同一起跑线上，因此首先应抓紧与客户建立紧密的客户关系，尽早赢得客户支持。如果在销售的中后阶段仍是此种形势，那么说明各厂商的竞争处于胶着状态，此时的主要工作仍是持续跟进客户，尽可能地争取客户的支持，以及在产品层面做好客户的开发和引导工作。同时也可以尝试和竞争对手谈一谈，看能否达成合作，实现共赢。

形势九：这种情况可能是竞争对手介入得比较早，已经与客户建立了较深层次的联系，或是竞争对手拥有优势客户资源，此时己方同样要加大商务上的投入，摸清竞争对手的客户关系资源，寻求突破点，尤其是对关键决策者的突破。同时，应充分发挥己方产品上的优势，深度开发客户需求，创造新的需求点，找到并放大客户对竞争对手产品方面的顾虑，必要时，可以利用产品优势向客户施加一定的压力，迫使客户改变立场。

3. 落后形势

在四、七、八的情形中，己方处于明显的落后形势。此时首先应该做的是对销售机会和客户价值进行评估，判断该客户是否真的值得投入资源去争取，如果是，那么再根据实际情况寻求破局。

对于形势四的情况，从某种意义上讲，还是存在机会的，因为在产品落后的情况下，仍能保持与竞争对手在商务上并列，那么说明己方在客户关系上还是有一定基础的。此时如果能在商务上实现进一步的突破。例如，取得关键决策者的支持，将形势四扭转为形势一，那么仍然会有赢的机会。

对于形势七、八的情况，如果没有重大转机出现，取胜的机会会很小，销售人员应该根据情况跟进。首先，应当尽量拖延客户的采购进程，以寻求突破点和机会。例如，竞争对手出现严重失误、客户需求做出重大变更、己方得到了更高级别决策者的认可等。其次，对于被单一竞争对手控制的客户，可以尝试再引入几个厂商，通过各厂商的游说，将局势搅乱，打乱客户的需求以及采购计划，迫使形势出现改变，以及可以采用一些破坏性的打法。例如，报一个超低的价格。最后，可以通过精心筹划投标策略来寻求翻盘的机会。

总之，按照九种竞争局面的划分，当己方处于形势划分图右上二、三、六的领先形势时，工作的重点是防守，避免有利形势被改变；当处于其他几种并列或落后形势时，工作重点则是寻求突破，即将所处的形势由左下向右上推动。例如，对于形势四，可以通过寻求商务上的突破，将形势四推向形势一，或者通过寻求产品上的突破，将形势四推向形势五乃至形势六。每一次形势的推动，都会显著提升己方的获胜机会。同时，需要注意的是，己方所处的形势与竞争对手是反向对应的，己方领先的，就是竞争对手落后的；己方落后的，就是竞争对手领先的，因此，己方同样会面临竞争对手的守局和破局的干扰。销售人员在开展工作的过程中，应根据自己所处的形势，结合实际情况做出相应的应对。

第十节 变通合作模式

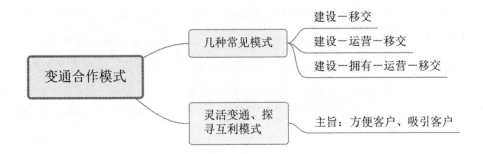

传统的销售模式通常是客户一次性或分阶段向厂商付款来购买所需的商品,这种方式的优点是模式简单、结算周期短。对于厂商来说,收益快、风险小、资金压力小,但对于采购方来说,则可能存在资金压力和资金风险的问题。在有些情况下,通过变通合作模式,由厂商向客户提供对客户更加有利的合作模式,则可以进一步提升对客户的吸引力,增强客户采购意向,提升厂商的竞争力。例如,客户对某项产品非常感兴趣,但苦于预算有限,没有足够的资金直接向厂商购买,这时如果厂商能够为客户提供租赁或中长期分期结款的合作方式,那么可以很好地解决客户资金困难的问题,从而促成厂商与客户的合作。

下面是几种近年来常见于政府工程项目的商业合作和项目运作模式,可供参考。

建设—移交(Build-Transfer,BT)模式:厂商自行垫资为客户进行项目的建设,建设验收合格后移交给客户,客户向厂商支付包含合理利润的总支出费用。

建设—运营—移交（Build-Operate-Transfer，BOT）模式：由厂商垫资为客户进行项目建设，并在一定时间内由厂商拥有项目的运营权。在这段时间内，项目所创造的收益由投资方（厂商）独享或按比例与客户分成。当约定时间到期后，项目移交给客户独立运营，厂商不再享有运营权和收益权。

近年来国内很多的基础设施建设采用的都是BOT模式。例如，国内的很多高速公路，由投资方出资建设，建成后，在一定年限内由投资方负责高速公路的运营，所收费用除用作高速公路的日常运营、维护等开支外，剩余利润全部由投资方独享，政府只负责监管。规定的年限到期后，投资方将高速公路的运营权交还政府，退出运营。

建设—拥有—运营—移交（Build-Own-Operate-Transfer，BOOT）模式：类似于BOT模式，不同的是，BOT模式下，所建设项目的产权归业主所有，投资方不具有项目的所有权，但在BOOT模式下，投资方在运营期间拥有项目的产权，直至运营期限结束，投资方连同产权和运营权一并移交给业主方。

以上三种模式主要来自一些大型、超大型政府项目的建设，特别是一些政府基础设施建设项目。但对一些中小型、非政府项目，这几种模式的思想同样很有借鉴意义。

BT模式可以简单地理解为垫资建设（供货）、延期结款，目的是给客户预留出筹集资金的时间。同时，因不需要客户预付资金，且通常是验收后结款，因此帮助客户规避了投资风险。举例如下。

某客户当年没有采购某产品的资金计划，厂商为了抢先占领该客户，就与客户达成约定，可以先为其供货，供其使用，等第二年资金计划批复下来后，客户再付款给厂商。

BOT模式可以简单地理解为分期付款，同样适用于缓解客户资金不足的问题。举例如下。

某企业新建了一大片厂房,准备扩大生产,但前期资金都用在了地皮和厂房的基础建设上,后期需要采购生产线设备时,则面临资金不足的问题。于是,该企业与生产设备的厂商达成合作,约定先由厂商为其供货,待该企业新建生产线投入生产、产生效益后,所得收益全部用于偿还厂商的设备款。

BOOT 模式则可以简单地理解为长期租赁。举例如下。

在上面的例子中,设备厂商为企业供货后,企业即拥有设备的所有权。如果后期该企业经营出现问题,无法按约定支付设备款,那么设备厂商只能通过法律途径追讨损失,由此可以看出,设备厂商会承担一定的风险。因此,该厂商进一步改进合作模式,将设备租赁给该企业,企业每年支付租金,租期为 10 年。10 年租赁期到期后,设备的所有权自动转交给企业,厂商不再收取任何费用。这样,如果在合作期间企业经营出现问题无法支付租金的话,厂商就可以直接收回设备,从而可以尽可能地止损,以及避免其他不必要的麻烦。

还有一类常见的模式,是资源置换模式。业主方用其拥有的某方面有商业价值的资源,向厂商换取产品或项目建设。

目前,国内很多公交公司都会与广告公司合作,由广告公司免费或以极低的价格为公交公司提供公交车,公交公司再将公交车车体广告资源的运营权转让给广告公司。广告公司通过广告运营收回购买公交车的成本,并赚取额外的利润。

在这几种模式的基础上,还可以扩展延伸出其他的模式,但主旨都是为了解决客户方的资金压力,帮助其规避资金风险。厂商在开展销售的过程中,可以注意发掘客户对于这方面的需求,为客户提供更有吸引力的合作模式，推动客户的采购进展，进一步为自己营造出有利的形势。

思考练习

小李是某安全监控产品的区域销售，产品主要面向各类交通运输企业，为其提供一系列基于视频和卫星定位的车辆运营安全解决方案。通过某次机会，小李认识了某铁路局机务处的安全业务负责人，并与其建立起了联系。得知对方目前也在规划类似的项目，于是小李提交了一份自家产品的解决方案给对方，对方告知小李，产品应该没问题，能满足业务使用的需要。于是，小李开始紧密跟进该负责人，与其建立起了较好的私人关系，并得到了对方的支持与承诺，小李便耐心地等待对方正式的招标采购。最终结果是另外一家公司中标，小李无缘该项目。请大家试着分析一下，小李在这个项目中都犯了哪些错误？

扫一扫查看答案

CHAPTER 05

第五章

谈判签约
——最后关头的临门一脚

通常如果厂商能够进入谈判签约的环节，说明之前工作的开展是富有成效的，此时销售进入收尾阶段，但也绝不可松懈。在这一阶段，首先需要稳定住当前的有利局势，绝不能在最后的关头出现意外，然后就是在与客户的谈判签约中，既要照顾到客户的利益诉求，又要尽可能为己方争取利益，在这两者之间取得平衡，最终达成签约落地，实现整个销售进程的完美收官。

第一节
消除客户交易前的顾虑

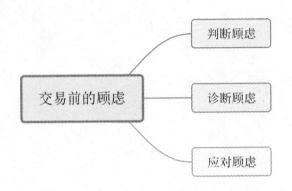

客户在采购阶段会存在顾虑，虽然在前期的工作当中，厂商和销售人员可以较好地安抚客户，打消其顾虑，但在最后签约确定合作阶段，因为签约后通常就意味着主动权从客户一方过渡到了厂商一方，客户会丧失很大一部分的主动权和掌控权，同时签约后客户就要开始进行资金和各方面资源上的真正投入。所以，出于风险管理的考虑，客户存在的顾虑可能会在最后这一阶段最大化地爆发出来。

当客户存在顾虑时，可能会有以下几种表现。

① 积极主动地与厂商进行相关方面的沟通。

② 对签约合作消极应对，甚至暂时搁置。

③ 就某些方面的内容提出异议。

④ 提出额外的要求。例如，提出试运行，要求更优惠的付款条件或更多的售后服务等。

第一种情况通常是比较理想的情况，说明客户对解决问题持积极的态度。此时只要与客户进行有效的沟通，对其存在的顾虑和问题予以解答，大多数情况下可以有效地安抚客户，消除其顾虑。

对于后三种情况，则需要厂商积极主动地与客户进行深入沟通，充分暴露出客户存在的顾虑，并相应地给出防范和解决客户所顾虑的内容的保证措施、方案，并给出相应的承诺，以进行安抚。同时，要主动推动签约工作的进行，必要时可以请公司高层出面，与客户开展高层互动，以向客户展示己方的决心和态度，以此来强化承诺、坚定客户的信心。

需要注意的是，客户的顾虑不等于异议，解决顾虑也不等于处理异议。顾虑是在已经认可了当前的方案和做法的前提下，对可能存在的问题、可能出现的状况的担心。出现顾虑的根本原因是客户对于风险的把控，而异议则是对方案、做法持不同意见。提出异议可能是因为存在顾虑。例如，不认同厂商实施方案中的某部分，但也有可能有更深层次的原因，如制造分歧、提出厂商无法满足的条件等，这很可能是客户出于某些原因而为厂商制造障碍。厂商应正确区分顾虑与异议，对于异议，应注意分析其所透露出的深层次的信号。

第二节 谈判签约

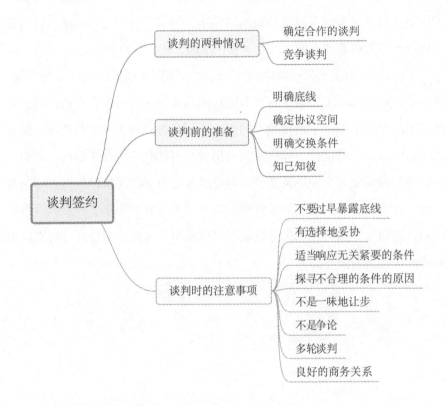

大客户销售中的谈判主要有以下两种情况。

① 客户已经通过招标确定了供应商，在签合同确定合作前开展的谈判。这种情况下的谈判是在双方已经基本确立合作关系的基础上进行的，因此厂商的谈判压力较小，谈判的内容更倾向于具体的合作条款，以及对厂商在前期所做出的一系列承诺进行最终确认。

② 客户不通过招标，直接与意向供应商进行谈判采购。有时客户虽有

意向的供应商，但还会再引入其他厂商同时参与谈判，以此给意向供应商制造压力，这种情况类似于议标或竞争性谈判。尽管供需双方可能在之前已经就合作基本达成了一致，但此时谈判的主动权仍掌握在客户手中，厂商会面临较大的谈判压力。此时客户一方通常会尽力争取利益，而厂商则要在保持竞争优势的前提下尽量保障自身的利益。

无论哪种情况下的谈判，其本质上都是利益的妥协、争取以及交换。在谈判中，双方各自抛出己方的条件，在碰撞中通过不断妥协以达成共识。而一方所妥协的条件，就是另一方争取到的条件，但通常是由另一方在其他条件上的妥协交换而来的。

在某厂商与客户的一次谈判采购中，厂商报价150万元，采用3、6、1的付款方式，即客户预付30%的款，产品交付验收合格后付60%的款，质保期为三年，期满后，付清剩余10%的款项。在谈判过程中，客户欲将价格砍到130万元，以1、7、2的付款方式，并要求延长质保期至五年。

经过一番谈判下来，双方最终约定成交价格为140万元，付款方式为1、8、1，质保期为五年。

在进行谈判前，销售人员应做好以下准备。

① 明确自己的底线。底线即通过合作想要达成的最低目标，如果连最低的期望目标都不能达成，那么无论是谈判还是合作，就都失去了意义。也就是说，在谈判的过程中，所有的谈判条件和谈判内容都应该是在底线之上的，突破底线的条件和内容是不能被接受的。明确底线的另外一个意义在于，有经验的高阶谈判者或强势谈判者通常有能力采用一系列技巧扰乱对方阵脚，并趁对方处于慌乱时，顺势突破对方的底线。事先明确自己的底线，相当于为自己预设一个锚点，即使在谈判中被打乱阵脚，但当对方触及己方的底线锚点时，能够马上触发预警，提醒自己清醒应对，避免做出错误的让步。

② 确定自己的协议空间。协议空间即底线之上可以做出让步的部分，

通常来讲，协议空间部分的内容都是可以拿出来与对方谈、可以进行交换的。

③ 明确可以用来交换的条件，主要指可替代的方案。在谈判中，一方做出让步之后，通常会要求对方在其他条件上做出让步以作为回报和交换。有时即使对方开出的条件突破了己方的底线，但如果对方能够提供其他足够的替代条件，那么其所开出的条件仍然是可以接受的。例如，厂商的价格底线是 100 万元，但客户方要求价格降至 95 万元，质保期可以从厂商承诺的三年变为一年，那么通常这就是可以接受的交换条件。

某公司签了一个信息化系统集成项目的单子，需要采购相应的设备为客户实施部署，其中某个主要产品他们有长期合作的供应商，之前的合作方式是该公司先向供应商付很少的定金拿货，待项目完结收到回款后，再给供应商结款，结款周期通常不超过一年。由于这次的系统集成项目利润较低，因此该公司希望能向供应商申请一个更优惠的供货价。此事由负责采购的员工负责，经过谈判，谈成的条件是可以在之前供货价的基础上打九折，但需要全款拿货。于是该负责采购的员工向经理汇报，经理听后不但没有同意，反而训斥了该员工，原因是该员工在谈判时没有核算资金的使用成本。如果按照所谈条件提前付款，反而代价更高，更不合算。因此，经理否决了这样的合作条件，经过再次谈判，供应商同意在之前合作价格的基础上打九五折，付款方式不变。

通过此例子可以清晰地看到这样一个过程：谈判中双方在第一次谈判时进行了条件上的交换，但因采购方占据主动权，所以推翻了第一次谈判的成果，通过第二次谈判逼迫供应商继续做出让步。

④ 在"知己"的前提下，也要做到尽量"知彼"。在进行正式谈判前，同样也要事先对客户一方的底线、协议空间、交换条件，特别是一些主要条件，有一定的了解和预判，以事先制订相应的谈判策略，有针对性地做好准备。这些信息一方面是根据之前与客户的交流情况进行预判的，另一

方面是从客户内部的支持者那里获取的。

在谈判阶段,还应注意以下的问题。

① 不要过早暴露底线。首先,即使将底线暴露给对方,对方也不一定会相信,反而会在底线的基础上提出更过分的要求。其次,如果过早暴露底线,那么即使守住了底线,最终得到的也仅仅是底线部分。正确的做法应该是,用协议空间部分的内容与对方进行谈判,并以"缓慢的""痛苦的""真诚的"姿态做出让步。

② 只做有竞争力的妥协。厂商所做出的妥协一定要能够打动客户,尤其是在有竞争对手存在的前提下,如果所做出的妥协对保持自身竞争力没有帮助,那么是没有意义的。

③ 对于客户提出的一些无关紧要的条件,应根据情况适当响应。满足客户提出的一些小条件,一方面是照顾客户的面子问题,另一方面可以营造更融洽的谈判氛围,显示诚意、博取好感。例如,某客户一次性采购了1000套某产品,在谈判时要求厂商额外免费提供1套作为备用,这种要求应该是没问题的。

④ 对于客户提出的明显不合常理或过分的条件,应注意探寻其内在原因。有的可能仅仅是为了试探厂商的底线,甚至只是在漫天要价;有的则可能是在逼厂商退出,或为其他条件做铺垫。

⑤ 谈判不是一味地让步,更多的是条件换条件。对于客户提出的条件,如果确实需要让步,那么应该同时向客户提出置换的条件,但要注意这两个条件应该是有关联的,并且要给客户合理的解释。例如,在谈判中客户要求将售后服务期限由一年延长至两年,那么厂商提出将质保金由原来的10%降低到5%作为交换条件也是合理的。

⑥ 谈判不是争论。厂商有可能在某一个问题上说服了客户,感觉自己赢了,但很可能是客户不愿再争论了而已,这样厂商就很可能已经得罪了客户,或是引发了客户的不满情绪,那么,在其他的环节或内容上,厂商就可能会被客户"特殊照顾"。

⑦ 对于较大规模或较重要的采购，通常很难谈判一次就取得预期成果，往往需要进行多轮、多阶段的谈判。有可能每轮谈判会取得一定的进展，也有可能后边的谈判会将前边的内容全部推翻。

⑧ 良好的商务关系是谈判成功的基础和关键。谈判之前在客户内部一定要有支持者，并且要保证其会给予配合和指导。如果在谈判之前没有做足商务上的铺垫，对客户的情况没有摸透，那么再高超的谈判能力也要大打折扣。即使最终谈判成功，也很可能会损失极大一部分的利益。

在谈判中客户还可能会要求厂商对前期做过的承诺再次予以确认，最终所有的谈判成果会形成正式的书面文件，并体现到双方最终签署的合作协议中。在签署合作协议时，注意要仔细解读合同条款，注意其中存在的陷阱、歧义、模糊条款等情况。通常公司内部会有固定的合同审批流程，销售人员在公司内部进行合同审批的过程中主要起到对合同条款进行解释的作用。对于一些非常规条款，应仔细向公司说明条款的起因和背景，以最大限度得到公司的支持。

思考练习

小张是某电子设备厂商的销售人员,之前小张跟踪的一个客户确定了要采购一批设备,客户是以单一来源的方式进行谈判采购的,对方参与谈判的有分管副总、使用部门经理和具体业务负责人,以及财务、采购、纪委部门代表各一人。在谈判现场,技术环节的谈判非常顺利,因为之前小张已经就需求与客户有过非常深入的沟通。到了商务部分的谈判时,对方的具体业务负责人突然提出要求单价下调500元。这样的降幅是非常夸张的,占了利润的大半,试想一下,对于这种情形小张应如何处理比较合适呢?

扫一扫查看答案

CHAPTER 06

第六章

项目落地的后续跟进
——深化合作，打造长期生意

在很多企业的销售管理流程中，会将签单作为一个重要节点，签单前的工作主要由销售人员牵头开展，签单之后的工作就会交接给其他部门，由他们负责后续产品的供货、安装、调试、培训等实施工作。但是，对于销售人员来讲，签订合同可以认为在当前客户的销售工作暂告段落，但绝不意味着销售工作的结束，在签单后，销售人员仍应该打起精神，参与到后续的工作中。

第一节
管理客户期望,提升客户满意度

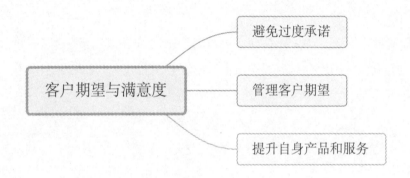

根据客户关系管理(CRM)理论,客户满意度=客户的实际体验-客户期望值,即客户期望与客户满意度是负相关的。在产品和服务一定的前提下,客户的实际体验被固定,此时客户的期望越高,满意情况越难以达成。当客户的实际体验高于期望时,客户自然会感到满意。而当客户的期望超过实际体验时,客户满意度为负,客户会感到不满意。

客户的满意度关系着客户对产品的评价,进而关系着后续的验收、回款、长期合作以及厂商的市场口碑、客户忠诚度等。因此,客户满意度对于厂商来讲尤为重要,可以说,厂商所做的一切工作都是为了最终能够使客户满意。而厂商为了达成这样的目标,除了努力提升自身的产品品质和服务水准外,还需要做的就是对客户的期望进行管理,将客户的期望控制在一个适当的范围内。

首先,厂商应该避免售前的过度承诺。有的销售人员在进行产品销售时,为了吸引客户,过度对产品进行包装,过度激发客户需求,为客户描述过于美好的愿景，以及对客户的需求无条件地承诺，最终导致客户的期望超出了厂商的实际能力。这样做虽然可以促进厂商的前期拿单，但会为拿单后的执行工作埋下极大的隐患。通常，在售前对产品进行适当的包装美化是可以接受的，但是注意要适度，特别是对于客户关注的核心内容，一定要控制在合理的、实际的范围之内。

其次，通常认为控制客户期望会对达成销售起反作用，因为在售前给客户的期望值越高，越容易激发起客户的采购欲望，也越容易引起客户的采购倾向。因此，除了在售前避免对客户过度承诺以控制客户期望外，更多的还应该从确定合作后着手对客户的期望进行管理。在确定合作后，客户对产品的期待变成了现实，客户可以直观地对产品进行体验和验证，将之与自己的期望进行比较。此时如果能够合理地对客户的期望进行引导和干预，使其维持在与实际体验相同或稍低的水准上，就可以营造出更高的客户满意度。

确定合作后对客户期望的管理主要发生在产品的实施与适应阶段，主要可以从以下三方面入手。

① 邀请客户共同制订实施计划，共同参与到实施工作中，这样做可以使客户更有参与感。一方面可以使客户感觉对后续的实施可控，以使其对实施的进度、风险、资源、工作量等内容保持合理的期望；另一方面可以使客户在参与实施的过程中对与产品相关的内容进行吸收与学习，从而潜移默化地使客户产生对产品的认知和理解，进而达到转化其不合理期望的目的。

② 提前向客户预示可能存在的风险和问题，使客户意识到这些风险和问题的存在，从而使客户预先有一定的准备，使之成为客户预期的一部分。这样一旦可能存在的风险或问题真实发生，客户也会认为这属于预期的一部分，从而认为其是合理的和可控的，不会因为事先没有准备而仓皇应对，从而降低了客户的体验。

③ 积极与客户保持沟通，对于客户的不合理或无法达成的期望，要给

出合理的解释，并争取给出可行的替代方案，至少要使客户感受到厂商的重视以及真诚的态度。

最后，厂商还是需要多在产品和售后服务上下功夫。一方面销售人员应积极与公司的技术部门沟通协调，努力将产品向符合客户期望的方向打造，特别是对于售前没有承诺的客户需求，如果在此阶段能够展现给客户，则可以更好地提升客户的满意度。另一方面应积极做好后续的客户服务工作，从服务层面提升客户的体验。这也是提倡销售人员在项目落地后也应积极跟进后续工作的原因。

总之，销售人员一方面应避免售前的过度承诺，对于已经承诺的应积极予以兑现；另一方面还应积极与客户沟通，探究其具体期待的内容，对合理的客户期望，应力所能及地去满足，对于不合理或无法满足的，应主动给出解释，并积极寻求替代方案。

第二节
签单后的三个阶段

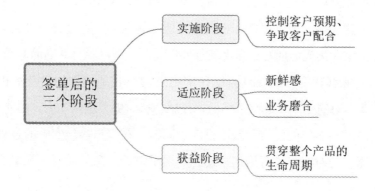

签单后,客户的状态可以分成三个阶段,依次为实施阶段、适应阶段、获益阶段。

1. 实施阶段

项目实施阶段的主要工作内容包括产品的发货、安装、部署、调试等。厂商的目标是在工期内将已调试到最佳状态的产品交付到客户手中,客户的目标是配合厂商的实施工作,尽早将产品投入业务应用中。

在这一阶段,客户会安排相应的人员与厂商对接,负责实施工作的配合与跟进,并协调和处理实施过程中的各类问题。客户此时处于期待的状态,期待能够尽早见到成品,因此,通常会有较高的积极性,愿意积极参与到实施工作中,并为实施工作的顺利开展创造便利条件。销售人员在这一阶段主要是在实施团队和客户之间起到沟通、润滑的作用,协助实施团队向客户沟通协调一些具体的事情,并搜集客户提出的要求和意见,反馈给实施团队，形成相应的应对方案，以及再次将这些方案反馈给客户，与客户进行沟通。特别是在实施过程中如果出现如进度落后、需要额外调配资源等与事先规划不一致的情况时，销售人员应及时与实施团队沟通，找到具体原因，并与客户沟通，以争取得到客户的理解，防止客户出现不满情绪。

在实施阶段，应该尽量引导客户参与到实施工作中，使客户有更多的参与感。这样一方面可以使客户更清楚地了解项目实施过程中可能会面对的各种困难和出现的问题，当出现意外情况时，可以双方共同面对和承担。另一方面能够让客户感受到自己在实施过程中起到的作用以及承担的责任，使客户对实施工作具有更多的责任感，从而更大地调动客户的能动性，更多地争取到客户的配合和资源投入。同时，在客户参与实施的过程中就可以有意识地对客户进行培训，使客户尽早掌握产品的使用、维护等相关技术。

对于厂商，在实施阶段所面对的主要压力有三个方面。

第一方面是工期进度的压力。客户会期待能够尽早见到成果，因此，即使已经有了双方认可的工期计划，但客户仍可能会在进度上向厂商施加压力。特别是客户高层领导关注的项目，下面具体的经办部门会承担较大的责任和绩效压力，一方面会希望尽快建成，能向上级有所交代；另一方面希望能够尽早见到成果，可以对可能存在的问题以及之前存在的顾虑进行验证，并预留出充足的调整时间。

第二方面的压力是客户资源调配的压力。实施工作都需要客户方面提供一定的配合，包括场地、业务支撑、人员、第三方协调等资源的支持，有时甚至需要客户全部或部分暂停其关键业务以配合实施工作的进行。通常客户上层部门特别是项目的主抓部门，对项目的实施都会持积极配合的态度，但具体到现场实施所涉及的层面，就可能会出现不配合甚至抵制的情况。此时厂商应积极与上层部门的对接人沟通，通过与对方进行工作上的协调，避免在现场实施中发生摩擦。

第三方面的压力来自具体实施时所面对的问题，如产品本身存在的不确定性、现场作业环境不适应、之前的过度承诺、可能存在的安全隐患、厂商的第三方供应商的支持等。此时通常也需要销售人员出面，一方面积极与公司内部沟通，向公司争取更大的支持力度，争取让公司调配更优势的资源以支持当前实施工作的开展。例如，尽量安排经验丰富的技术人员处理现场工作，积极对产品进行整改等。另一方面要积极与客户沟通，争取更好的实施条件，提前向客户预示风险，一旦发生问题应及时进行处理，以安抚客户。

对于一些实施周期较长的项目，销售人员可以积极地向客户展示阶段性成果，通过制订一个个阶段性的目标，并不断去实现这些目标，使客户感受到实施工作是积极向前进行的，从而避免客户丧失耐心和积极性。也可以根据进度情况组织阶段性会议，在会议上向客户汇报阶段性进展情况，向客户提前预示可能存在的风险或问题及面对的困难，鼓励客户发表意见，制订双方认可的、统一的行动计划，以及向客户提出资源、行动上的配合需求。

总之，在实施阶段，销售人员虽不必参与到具体的实施工作中，但应积极参与到整个实施的进程中，对实施的进展情况要有较详细的了解，并在实施团队与客户之间起到积极的润滑作用。既要从自己厂商的角度出发，争取客户的配合，保障实施工作顺利进行，又要站在客户的角度，想客户之所想，督促和指导实施团队实施工作的开展。

2. 适应阶段

适应阶段是指产品项目实施完成交付给客户后，在正式投入生产应用前，客户对产品进行学习、熟悉的阶段。在适应阶段，客户状态也可以分为新鲜感和业务磨合两个阶段。

（1）新鲜感阶段

客户接收产品初期，一方面可以不花太多精力就能够享受到产品带来的诸多良好体验，并初步体验到采购成果；另一方面也会对产品的各项功能、效果进行反复尝试与验证，试图寻找缺陷与不足，以及将之与期望进行比较验证。同时，客户的高层决策者也会到现场视察观摩，听取成果汇报，参与产品的实际使用体验。

通常新鲜感阶段持续的时间不会太长，此时厂商即可开始着手对客户进行第一轮的产品培训。培训主要包括两个方面：一是面向客户中产品使用部门的产品日常操作使用方面的培训，二是面向客户中技术部门的产品维护管理方面的培训。

（2）业务磨合阶段

经历了初期的新鲜感阶段，客户对产品已经有了一定的了解，基本熟悉了产品的日常使用操作，接下来会进入产品的试运行阶段。此时产品被投入实际的业务环境中，客户面临的是与其现有业务的整合与适应，特别是对于一些给客户带来较大业务变革的产品，随着产品的投入使用，其业务模式、工作习惯均会发生较大的变化，因此还需要客户的积极配合，才能尽量缩短产品与业务磨合的周期，尽早适应产品。

此时，新鲜感阶段所带来的良好体验已经过去，客户需要付出较多的精力去学习适应产品和新的业务模式，但并未完全掌控新的局面，其所付出的精力与获得的成效通常无法得到平衡，因此客户的积极性可能会有所下降。这时厂商仍应持续加强对客户的产品培训，除了集中授课式的培训外，还应有专人驻守业务现场，提供一对一、实时的使用指导。在培训过程中，对产品的使用人员进行有效引导，并给予适当的鼓励。这种磨合是双向的，既需要客户调整业务模式和工作习惯去适应产品，也需要根据客户的使用习惯、业务特性对产品进行优化调整，这样才能更好地将产品与客户业务相融合，缩短客户的适应周期，尽早推动产品投入正式业务应用中。

在产品适应阶段，可能会发生具体使用部门对产品不适应甚至抵触的情况，具体的表现通常是对产品的使用持消极态度、固守原有工作模式、不积极配合产品与业务的整合、不断找借口、挑产品毛病等。出现这种情况的原因很可能是其对原有业务模式存在工作上的惯性，或产品带来的业务调整触动了其原有利益。对于这种情况首先应该从客户的业务管理上着手，积极与上层及项目主抓部门沟通，通过客户上层向下施加压力，制订相应的考核政策等。其次应注意培养相对积极者，给予其适当的鼓励，发挥其表率作用。

对于个性化较高的产品，在适应阶段也要做好客户需求和使用情况的搜集与整理。对于客户的合理需求，以及确实可以优化的内容，应协调厂商内部进行产品的二次开发与升级，以对产品做进一步的优化，更好地满足客户的使用要求。这种对产品不断优化的过程，也是提升厂商自身产品实力与产品竞争力的过程。

3. 获益阶段

客户经过产品适应阶段后，已经能够熟练地使用产品，产品已经深度整合到其业务中。产品经过上一阶段的试运行，目前也能够保持稳定的运行状态，此时产品才真正发挥其价值，客户也开始享受到产品所带来的成效和收益，即开始收获本次采购的采购成果。

获益阶段是长期的、持续的，贯穿了产品的整个生命周期。这时客户对产品的新鲜感已经消退，积极性也趋于平稳，客户已经把产品的使用当成了其日常业务的一部分。此时销售人员应当稳定当前的良好局面、巩固战果，并寻求进一步拓展与客户深化合作关系的机会。

第三节 产品验收

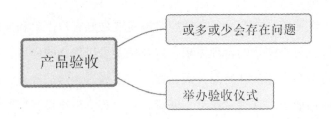

对于不同类型的产品和项目,具体的验收节点和验收方式也会有所不同,但验收的结果直接决定了客户对于厂商产品能力的评价和对本次采购成果的评估,这些都会通过最终的验收而形成一个考核标准。顺利通过验收,意味着产品达成了客户的预期,客户的本次采购是成功的,最终会有一个双方皆大欢喜的收尾。而没有通过验收,则意味着产品没有达到客户的预期要求,如果后续厂商不能对此进行弥补、改进的话,那么客户就会对厂商、对本次采购给出负面评价,很可能厂商会因此而承担相应的连带责任和损失,最直接的可能就是会影响到后续的结款,丧失持续合作的机会。

产品在投入业务应用中后,往往会或多或少地存在一些问题,原因通常有以下两种。

① 客户对产品的期望或理解存在偏差。例如,实现某项功能有 A、B 两种方式,客户的理解是 A,但产品实际采用的 B,从而导致客户认为产品有问题。

② 产品确实存在某方面的问题,使质量、功能或性能没有达到客户的预期,但这种情况涉及的通常不会是核心、关键的质量、功能或性能部分。

对于在验收过程中产品出现问题的情况，厂商要与客户进行积极的沟通，将客户的思路引导到产品的思路逻辑上。对于确实存在的问题，应找到具体原因，拿出积极解决问题的态度，给出合理的解释和解决问题的承诺以及可行方案。通常客户并不会因一些非核心问题而影响整体的进度方向。站在客户的角度上，首先，出现问题意味着具体负责的人或部门的工作出现了失误，因此对于一些不是特别严重的问题通常会被处理或过滤掉。其次，客户也希望产品能够顺利被验收，因为如果最终验收失败，就意味着客户的采购决策出现了问题，甚至采购失败，这可能会给客户带来一系列的影响。所以，在大多数情况下，只要厂商能够积极配合客户进行产品的评估与验收，验收工作通常可以顺利进行，并不会存在过多的阻碍。

对于产品的验收，厂商可以考虑与客户方共同组织一个验收仪式，如专家评审会、项目竣工庆典、产品交付典礼等，这样做主要有以下几个好处。

① 以仪式化的方式对验收结果进行确认，可以达到见证产品顺利验收的目的，防止客户后期出现反复。

② 在验收仪式上，各方通常都会拿出肯定态度，而不会提及不足或缺陷，这些肯定的态度会对后续工作的推动起到积极作用。

③ 举办验收仪式可以达到帮助客户宣传工作业绩、政绩的目的，可以更好地调动客户的积极性，更好地提升客户满意度。

④ 举办验收仪式是对厂商的认可，对厂商可以起到一定的宣传推广作用，也是厂商信誉和成功案例的积累。验收仪式现场的记录可以作为厂商在以后进行市场推广时的宣传材料。

第四节 深化合作，发掘新商机

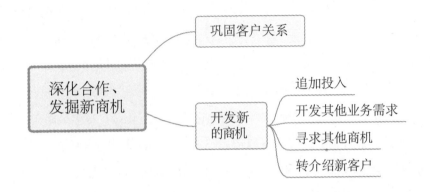

经历了一系列工作后，此时已经成功地将"客户"转化成了"用户"，将"新客户"转化成了"老客户"，可以说，当前在该客户这里的销售工作已经告一段落了。接下来，销售人员可以将主要的精力放在对其他客户的销售跟进中，但是这并不意味着当前客户的价值已经完全被开发了。销售人员应该注重对老客户的持续跟进与开发，实现客户价值的最大化。

对于老客户，厂商拥有明显的资源优势，一方面已经有了良好的客户关系基础，双方具备足够的信任；另一方面经过前期的往来互动，销售人员对客户内部的组织结构、采购决策流程已经非常熟悉，同各环节、各级别的相关角色也已经建立起了顺畅的沟通渠道。因此，销售人员在老客户那里开展工作几乎不会存在障碍，唯一需要做的就是巩固和保持住现有的客户关系状态，并依托这样的良好态势进一步开发、寻求新的商机。

1. 巩固客户关系

在达成销售前，销售人员与客户的接触带着明显的目的性，客户在与销售人员接触时也会因此而有所顾忌，甚至抵触。但在合作达成之后，双方已从买方卖方的关系变为合作伙伴的关系，双方也因此可以在相对轻松、自由的状态下往来。同时，在合作达成之后，销售人员可以有更多的机会去接触客户单位中之前较少接触的角色。因此，销售人员应顺势进一步深化发展在客户当中的关系网，特别是对于之前没有深入接触的关键角色，应争取与其建立起关系。例如，之前通过使用部门的强力支持而拿到了项目，此时就应进一步与采购部门、技术部门进行接触，把缺失的关系弥补上；之前通过高层决策者施压拿下项目的，此时就应借机与下面的影响层、执行层进一步加深联系。这样一方面是为了当前的项目能够顺利执行下去，另一方面也是为后续的长期合作扫除隐患和拓展机会。

在巩固客户关系时，还有一项重要的内容，就是安抚和争取之前的反对者。在达成合作之前，可能由于种种原因，最终没能转变当时反对者的反对态度，但现在合作既成事实，之前的反对者继续持反对态度已经毫无意义，此时销售人员可以加强与反对者的沟通，安抚其之前的不满和反对情绪，为日后的继续往来做好准备。没有永远的敌人，只有永远的利益。通常来讲，如果在达成合作之后，销售人员能够向反对者充分示好，并创造和解条件，基本能够扭转反对者的反对态度。

还需要注意的是，客户内部的组织结构、人事情况不是固定不变的，而是可能会发生调整。销售人员要时刻留意这种动向，之前的支持者可能会调离当前岗位，反对者可能会升至决策层，这些情况都会对厂商项目的执行以及后续客户关系的健康发展产生负面影响。例如，新上任的领导可能会带来一轮人事上的调整，以及引入一批新的供应商、合作伙伴等。因此，销售人员应当敏锐地捕捉这类状况，能够针对这类状况做好预案并及时应对。这也是强调要将客户内部的关系做深、做广的原因，这样才能尽量弱化这种因客户内部人事调整而给厂商带来的不良影响。

2. 开发新的商机

对于新商机的开发，主要可从以下四个思路着手准备。

（1）在当前项目、当前产品的基础上追加投入

例如，追加采购、产品升级、功能扩充、扩大项目范围等。

随着时间的推移，无论是客户自身的业务情况，还是产品的技术情况，都会发生变化，这些变化都可能会促使客户新需求的产生。首先，客户业务情况的变化和调整会促使产品要有针对性地进行改进以适应这种业务上的变动。其次，产品的升级换代也会进一步激发客户新的需求和采购欲望，以及随着产品在实际业务中的应用，客户当前存在的问题得到了解决，当前的需求得到了满足，但这常常也会触发新的客户需求的出现。这一方面来自产品使用前后客户所处的认知层次有所区别，促使客户对其业务情况有了新的、更进一步的认知，并进一步产生新的愿景。另一方面对于任何客户来讲，其都有足够的理由和动力对自身业务进行不断的改良与优化，进而增强自身在生产、管理、服务、市场等方面的能力。因此，客户自身存在不断优化业务模式的动力，这种动力会促使客户不断地去发现问题、解决问题，由此就促使客户新业务需求的产生，并最终会转化为对与其当前业务相关联的产品的不断优化、升级、扩充。

销售人员应敏锐地捕捉客户在这方面的动向，并施加积极的引导，以及不断加深对客户业务情况的学习和理解，更深入地帮助客户发现问题，为客户创造新的需求。

对于销售人员，首先可以用更高的标准去影响客户。例如，业内的标杆项目、客户所处行业内明星单位的同类项目的建设情况或产品使用情况等，用这些更高标准的案例与客户的实际情况进行参照，这样客户就有了更高的目标，也就有了进一步改革的动力。其次销售人员应及时捕捉客户行业的发展趋势和变化，每一个新的动态都有可能是影响客户业务发生变动的征兆。例如，国家每次出台新的法规政策，都有可能需要对应行业做出较大的业务调整才能够适应这项新的法规政策。销售人员可以积极协助客户，与客户一起为其业务的长期发展进行规划。这种规划以对客户业务的深入了解，并对未来的趋势有一定把握为前提，以给客户带来更长远的收益为目的。有了这样的规划，之前的项目建设、产品的采购就成了一个阶段性的目标，之前客户所获得的收益也成了阶段性的成果，而所做的规划则成为后续的长期目标。这些长期目标的实现，就意味着双方有了更深入和广泛的合作机会。

（2）开发其他业务需求

稳定的客户关系是一笔宝贵的资源，有了这样的资源，除了进行当前产品的销售外，还可以围绕客户进行其他业务需求的开发。销售人员在老客户那里除了要注重对当前产品的持续开发外，还可以进行其他类似或关联产品的销售。

这种方式尤其适合专注于某一特定行业客户的厂商，以及多业务、多产品线的厂商。例如，很多专注于某单一行业客户的厂商，除了面向客户做主营产品的销售外，通常还会积极扩充产品线和业务范围，以期能面向客户做一些其他的、客户有所需求的产品销售。这样做的目的是充分利用客户的资源价值，尽可能地将这些客户资源转化为销售成果。首先，从客户的角度看，客户在与厂商有过一次成功的合作后，后续如果再有其他类似的产品需求，通常会优先想到之前合作过的厂商。其次，厂商也可以主动对客户其他的业务内容进行了解，并发现其存在的需求。例如，经营信息系统集成业务的公司，在为客户做过一次计算机网络集成的项目后，后续还可以开发并承接客户的视频监控、多媒体会议室等类似的项目。

（3）寻求其他商机

客户的采购不仅限于厂商所销售的一种产品，特别是一些大型的企业客户，每年都会有大笔的预算采购各种各样的产品。这些产品的采购来自客户不同业务上的需求，有些需求产品虽然不在厂商的经营范围内，但因为销售人员与客户有较好的关系优势，可能会抢先一步获知这类需求信息。

销售人员如果掌握到这样的信息并加以运作,同样可以有机会创造额外的收益。

小王前段时间开发了一个客户,目前合同已经执行完成并顺利回款,这次合作双方都很愉快,对合作的结果也很满意。某天小王到客户那里做回访,与产品使用部门的李部长聊天,李部长无意中提到他们最近正在讨论扩大产能,生产部正在酝酿采购一批生产设备。尽管这种设备并不在小王公司的经营范围内,甚至小王对这种设备都不了解,但小王还是对李部长说,他一个朋友的公司正好销售这种设备。李部长自然乐于帮助小王,主动为其引荐了生产部的张部长。有了熟人的引荐,小王和张部长沟通得很顺利,大致了解了需求情况。回去后,小王马上找了几个销售这种设备的厂商,经过一番比较,最终选了一个相对有实力的厂商——Z公司。经过沟通,对方同意由小王代表Z公司,负责Z公司设备在该客户的销售,并签署了合作协议。

接下来,小王凭借着对该客户内部采购流程和主要决策者的熟悉,加之Z公司的紧密配合,最终达成了该设备的销售。小王自然也从Z公司拿到了一笔不菲的佣金。

在这个例子中,小王的这种做法本质上是利用信息差变现。如果没有小王的主动联系,Z公司甚至不一定会获知客户的采购信息,就算能够获知,也有可能因为时机或客户关系方面而导致结果难料。正是因为有了小王的帮助,Z公司才能在早期便切入客户当中,并利用小王良好的客户关系基础,加之精心运作,从而迅速占领了该客户。

(4)转介绍新客户

让老客户介绍新客户是一种常见并且非常有效的客户开发方式,这种方式具有信任路径短、效率高、资源投入低、转化率高的特点,因此,任何销售都会积极寻求从老客户那里获取新客户资源的机会。

对于一个客户,通常会存在两个层面的圈子。一个是单位业务层面的圈子，如客户的兄弟单位、行业协会、合作伙伴单位等，通过这个圈子的往来，客户能够结识到很多业内相关人士。另外一个是客户私人层面的圈子，如同学、朋友、老同事等。像交通、医学等专业性强的学校，学生毕业后很多都会进入相应的系统内工作，这就使得客户在行业内有丰富的人脉资源。客户的这些人际关系资源，对销售人员而言是非常宝贵的机会，但对客户来讲，转介绍通常只是举手之劳，有时只是打一个电话或约出来一起聚一聚的事情。

站在客户的角度，如果一个客户愿意为销售人员转介绍资源，那么通常可能是基于以下心态。

① 朋友心态：纯粹是因为对与销售人员的合作满意，与销售人员已经成为朋友关系。出于结交朋友、帮助朋友的心态，为销售人员转介绍自己的资源，这是一种比较理想的状态。但持这种心态的客户缺乏帮助销售人员的动力，通常不会刻意去做，而仅仅是顺势而为之。对于持这种心态者，销售人员应该把其当作真正的朋友，用与朋友交往的方式和对方往来，甚至可以寻求合适的机会主动向对方提出这方面的请求。

② 表现心态：希望通过为销售人员介绍其他客户表现出自己结交广、有资源、有能力的一面，从而得到销售人员的尊敬、恭维等。持这种心态者通常也比较容易把握，销售人员应当对其迎合和鼓励，并适当创造让其表现的机会，这样会比较容易达成目的。

③ 交易心态：希望将自己的资源转换成收益，这是一种非常现实的心态，但也是最容易被掌控的一种类型。客户的诉求明确，只要满足其诉求，就很容易得到其全力的帮助。

④ 施恩心态：把转介绍当成对销售人员的施恩。持这种心态者既希望销售人员能够对其提供的帮助表现出感激，又类似于投资，必会要求有所回报。但这种回报也可能是出于长期的考虑，而并不需要马上兑现。比如，想让销售人员感觉欠了自己一个人情，当有需要时，其会主动找销售人员提出诉求，要求销售人员的回报。施恩心态介于表现心态和交易心态之间，

都是有所求才为之。对于持施恩心态者，销售人员应表现出感恩、感激，并使其对未来获取回报有足够的信心。

销售人员在寻求客户的转介绍资源时，可以根据以上几种客户心态进行把握。但也应该注意，客户并不一定仅仅有以上心态中的一种，更多的会是以上几种心态的掺杂和混合，即每种心态都会有一点。销售人员既要照应到每种心态，又要分清主次，抓住主要心态，这样可以更好地激发客户的能动性，发挥其作用。

思考练习

小李中标了某铁路局的一批电子设备采购项目，按照合同约定，到货后对方在三个月内完成安装、验收和结款。但因某些原因，对方收货后迟迟没能安装，拖了近半年的时间。小李公司垫资压力大，也在向小李施压，要求小李想办法尽快回款。这种情况下小李应该怎样做比较合适呢？

扫一扫查看答案

CHAPTER 07

第七章

发展渠道销售
——借助合作伙伴的力量

渠道销售是一种常见且非常重要的产品销售方式,所谓"渠道",即实现产品从厂商到达客户的中间过程。在进行大客户销售时,开发和利用好渠道,常常可以收获非常好的效果。在这里对大客户销售中的渠道销售进行简单介绍,帮助大家对此有所了解,以便于在以后的工作中结合自己的实际工作情况加以利用。

第一节 渠道的作用

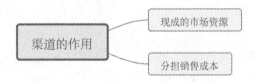

厂商在开发市场、开展销售时可能会遇到以下情况。

① 某个行业的客户特别封闭,始终找不到合适的切入点。

② 与客户接触了一段时间,客户存在需求,但对厂商始终是不冷不热的态度,销售工作始终没有实质性进展。

③ 无法搞定客户的关键决策人,或销售路径始终卡在某个节点而得不到突破。

④ 厂商参与到一个客户的采购项目当中,但对赢得项目没有任何把握。

⑤ 项目周期特别长,前期需要投入较高的销售成本,且对最终结果并不确定。

⑥ 项目的实施或售后的工作量较大,需要投入较多的人力、物力,需要在当地长期驻点。

对于上述情况,如果此时有人出面告诉厂商,其有能力帮助厂商打破当前的被动局面,达成销售,或愿意帮助厂商分担销售成本,承接实施和售后的工作,相信厂商会非常愿意跟对方建立合作。此时,对方即可被视为厂商的渠道伙伴。

渠道的作用主要体现在以下两个方面。

① 拥有良好的市场资源,可以带领厂商快速拓展市场,切入客户当中,

并利用自身良好的客户关系基础进行运作，推动销售，帮助厂商最大化地提升销售机会。

② 拥有一定的资金、团队方面的资源基础，在销售前期可以为厂商分担销售期间的资源支出，在销售达成后可以分担厂商在实施和售后方面的投入。

开发销售渠道的本质是引入外部力量加入厂商的销售进程当中，那么厂商所开发的渠道一定要具备某方面的优势资源，可以弥补厂商在这方面的不足，增强厂商的竞争优势，能够为厂商销售工作的开展带来积极的促进作用。同时，对于厂商和销售人员个人来讲，渠道商还有一项重要的优势，就是资金费用方面的处置更为灵活，这也是很多销售人员即使有能力掌控客户也仍会发展渠道商的原因。

第二节 渠道的不足

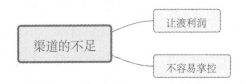

采用渠道进行产品销售也会存在以下不足之处。

① 利用渠道销售需要让出一部分利润给渠道商，因此会一定程度地压缩厂商的利润率。渠道伙伴不会在无利可图的情况下协助厂商进行产品的销售，而一定是因为存在利益方面的诉求，而这些诉求的利益通常都是由厂商让渡出来的。

② 因为渠道伙伴会深度参与到销售进程当中，有时甚至会发生渠道伙伴牵头、厂商支持配合的情况，因此可能会导致厂商对客户的把控能力被削弱。渠道商把控客户资源后，对于与厂商的合作握有更大的主动权，面对厂商会处于强势地位，可能会导致厂商的利益得不到保障。

对于第一种情况，本质上是牺牲一部分利润来换取更高的销售成功概率，或是用一部分利润换取渠道商的资源投入，只要在合理的范围内，这都是正常的。对于第二种情况，首先厂商应积极参与到销售进程中，建立起厂商与客户的关系；其次要有意识地向客户导入己方的品牌和产品，强化客户对厂商的认同，弱化厂商以及产品的可替代性，以防止渠道商把持客户资源，并以此过度侵蚀厂商利益的情况发生。

第三节 如何开发渠道

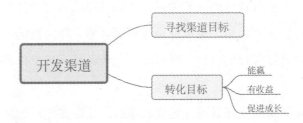

通过前两节的分析可以认为，寻找渠道即寻找具有优势资源者，如以下几种类型的角色。

① 与目标客户在其他领域已经有过合作，与客户已经有了合作关系和一定的客户关系基础。

② 在目标客户所处的行业内深耕多年，有一定业内资源，或是与目标客户有业务关联。例如，上规模的运输公司在当地的交通系统内通常会有一定的资源，私立医院在当地的医疗系统内通常会有一定的资源。

③ 与目标客户单位中某位主要决策者有较好的私人关系，如某关键决策者的同学、朋友、亲属等。

④ 在当地有一定的社会资源和社会影响力，可以通过各种资源、手段快速与目标客户建立联系，并可以利用各种资源对目标客户的采购决策施加影响。

⑤ 有一定的资金实力，且有较强的销售能力、团队能力，愿意积极拓展自身业务范围，并对厂商的产品和销售项目感兴趣。

以上是比较典型的几类潜在渠道伙伴，销售人员在开展工作时可以注意对具备以上条件的角色进行发掘。

第一种角色比较容易被发现。例如，可以查询客户单位以往的中标信息，寻找以往中标过客户单位采购项目的公司，如果是计算机网络设备的厂商，则可以寻找以往中标过客户信息化采购项目的公司，或者可以直接询问有过合作的客户，让客户进行介绍。对于后几类角色，则更多地要依靠销售人员的经验和行业资源、社会资源进行拓展。例如，在当地有规模的知名企业通常会有较好的政府关系，如果有好的政府项目，可以主动寻求合作。同时，这几类角色也可能是互相混合的，这是更为理想的情况。例如，与客户有过合作的公司，很可能其老板就是客户单位某决策领导的亲属。

发现潜在的渠道伙伴并与其建立联系后，还需要面对的是如何将其发展成真正的合作伙伴。从对方的角度考虑，对于一个送上门的"商机"，对方同样也会做机会与价值上的评估和考量。

机会：参与到厂商的销售当中后，需要为此投入什么样的资源？自身的资源能发挥效用吗？厂商的产品有竞争力吗？赢的机会大吗？风险如何？

价值：通过与厂商的合作能得到什么？能否赚到满意的利润？对企业发展是否有利？这一行业的发展前景如何？机会成本如何？

厂商的销售人员应对渠道伙伴的这些关注点进行把握。首先应对其进行引导，打消其合作顾虑。其次要充分呈现出自身的价值和能力，以此来引起对方的合作兴趣，主要包含以下三个方面的内容。

一是能赢。应向对方充分展示己方的实力，强调己方的优势竞争力，给予对方只要双方紧密合作就有很大机会能够赢得销售竞争的信心。

二是收益。向对方呈现合理的收益，以利益前景激发对方的投入和合作。

三是对其经营发展的促进作用，即通过合作能为对方带来除利润之外的收益。首先是刺激对方企业业绩的增长，其次是促进企业的成长和发展。例如，企业可以利用此契机进入某行业领域，拓展企业业务范围，形成新产品线，通过此次合作为企业培养团队，锻炼团队能力等。

还有一类情况是渠道商主动找到厂商寻求合作，这也可以分为两种情况。

① 渠道商抢先掌握了客户的采购需求信息，准备面向该客户进行相关产品的销售，然后寻找厂商提供产品上的支持。

② 厂商已经切入客户当中，在开展销售工作的进程中有第三方出现，寻求与厂商在当前客户上的合作。

在这两种情况下，渠道商通常都会主动向厂商展示实力，以获取厂商的信任和支持。尤其是第二种情况，渠道商为了参与到当前客户的销售中，通常会向厂商展示其在客户关系和资源方面的优势，甚至会做出必胜的承诺，或者会请客户方的关键决策者出面协调。此时厂商应对渠道商做好考察和评估，既要防范引入的是"水货"合作伙伴，白白被其分去利益，甚至影响销售结果，又更要防止错失真正有实力的合作伙伴，如果其转投到竞争对手那里，则会对厂商造成极大的不利影响。

第四节 有效利用渠道

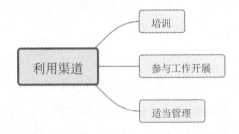

对于厂商而言，渠道伙伴具有两种身份。

首先，渠道伙伴是厂商的客户，因为其往往具有选择合作厂商的主动权，所以应该从厂商——客户的关系层面出发，处理与维护好与渠道伙伴的关系。

其次，渠道伙伴是厂商销售力量的一部分，厂商与渠道伙伴确定了合作关系后，双方会共同参与到销售进程当中，共同努力推动销售目标的达成。渠道伙伴往往也是厂商销售工作的执行者，因此也要从销售管理的角度，对渠道伙伴进行一定的管理。具体做法如下。

① 厂商应该对渠道商进行充分的培训。既要培训渠道伙伴如何与客户进行产品方面的沟通，如何与客户谈需求，如何与客户谈产品、谈方案，如何导入产品优势，又要培训渠道伙伴此类项目的运作方法、客户的采购习惯、需要对接的部门、需要做工作的环节等。渠道伙伴掌握了这些内容之后，才能更有效地开展工作，避免因不熟悉相关内容而走弯路、犯错误。

② 厂商的销售人员应该充分参与到销售进程当中，掌握渠道商的工作进展情况，实时掌握销售动态，并要参与到渠道商的工作决策当中，在需要时给予渠道伙伴必要的指导和帮助。

③ 必要时也可以适当地向渠道伙伴施加一定的压力，以促进销售进展和掌控工作方向。例如，可以向其提出完成阶段性目标的要求，以及采取一定行动的要求。

第五节 与渠道商的合作方式

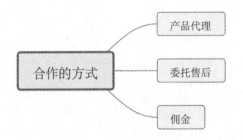

无论厂商与渠道伙伴之间采用什么样的合作方式,本质都是实现利益的交换和过渡,双方可以根据实际情况,以最适合的方式来处理。常见的合作方式有以下几种。

① 产品代理。渠道伙伴作为厂商的代理商,以自己公司的名义直接面向目标客户开展销售工作,这也是最常见的一种合作方式。

② 委托售后。在渠道伙伴因资质不充分等无法直接面向客户进行销售时,厂商可以通过与其签订委托实施、委托售后这样的合作协议,在赢得销售后,将工程实施、售后服务等工作交由渠道伙伴来做,同时厂商要向渠道伙伴支付约定的费用。

③ 佣金。多见于厂商与个人渠道伙伴合作的情况,厂商与其签订雇佣协议,授权委托其协助厂商运作当前的销售项目,销售达成后,厂商向其支付约定的佣金。

对于发展渠道伙伴并与其合作,本质上是引入外援并充分发挥其价值和作用,从而为厂商市场销售工作的开展起到积极的促进作用。通过这样的合作,厂商以牺牲部分利益为代价换取最大限度的赢单机会以及资源上的投入。当厂商进行市场推广和客户的销售跟进时，可以考虑引入渠道这种方式，特别是对于没有足够把握的客户，更可以通过这种方式寻求破局，为销售目标的达成保驾护航。

思考练习

小张是负责某产品面向政府某一部门的销售人员，该类客户的特点是比较封闭、难以接触。如今小张受命进行某一省份陌生市场的开拓，小张应该怎样做才能快速打开局面、见到成效呢？

扫一扫查看答案

CHAPTER 08

第八章

客户的采购流程
——谋定而动，有针对性地开展销售工作

前面几章主要是从厂商销售工作开展的角度出发，介绍了大客户销售过程中的几个主要阶段以及各阶段的常规动作，通过这些内容，可以对大客户销售有一个较为系统化的认识。在这里，我们再从客户的角度出发，对一次采购工作的流程加以分析，以期帮助销售人员站在客户的角度去看待销售的进程发展，从而可以更好地去适应和迎合客户的采购工作开展需要。

第一节
采购流程分析

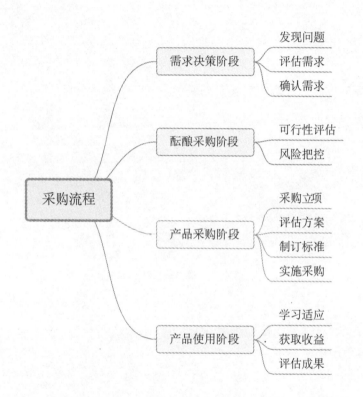

客户的采购流程可以理解为客户在开展采购工作时，按照一定顺序开展的一系列紧密关联、前后影响、目的明确、系统化的工作步骤和工作过程。客户的采购流程从整体上可以概括为以下几个阶段。

1. 需求决策阶段

客户有了需求才会有采购的理由，需求的强烈程度决定了采购欲望的大小和采购的紧迫程度，因此，客户如果进行某项产品的采购，首先是要明确自己的需求。确认需求的步骤如下。

(1) 发现问题

客户因其业务中存在问题而产生对产品和解决方案的需求，因此，需求决策的第一阶段首先是发现其自身业务中存在的问题。可以是客户自己主动发现问题的存在，也可以是通过销售人员的引导，帮助客户发现问题，将问题暴露出来。

(2) 评估需求

发现问题之后，客户需要对问题做进一步的分析与评估，进而将问题转化为对现状进行改进、变革的意愿。

客户对需求进行评估时通常会考虑以下问题。

① 问题的存在导致的不良影响有哪些？

② 是否值得做出改变？可以改变到什么程度？

③ 希望达成什么样的愿景以及达成愿景的方案和代价是什么？

④ 需求的范围是什么？需求的紧迫程度如何？

通常在这一阶段客户就会开始寻求解决方案，一方面会根据自己的需求寻找有效的解决方案进行匹配，另一方面也会根据解决方案回溯和调整自己的需求。

(3) 确认需求

对于业务需求的确认，通常属于客户内部决策流程的一部分，主要是对需求评估阶段的内容进行决策和确认。确认需求后意味着客户对问题的存在以及做出改变有了统一的认识，此时可以认为客户的采购工作正式进入了实质性阶段。

2. 酝酿采购阶段

酝酿采购阶段的界定比较模糊，这一阶段介于需求决策和实施采购两个阶段之间，属于两个阶段的过渡，有时酝酿采购阶段也会被放入采购立项阶段。

在实际的客户采购工作当中,有时客户即便有了需求,也并不一定会立刻实施采购,具体的原因多种多样。如果把采购立项当成确定采购的标志,那么酝酿采购阶段更多的是客户确定进行采购前的犹豫期、准备期、搁置期以及推动期。当客户需求紧迫时,可能会直接跳过这一阶段,或在这一阶段停留很短的时间,而直接进入实施采购的阶段。而对于不紧迫的需求,客户则可能会在这一阶段停留较长的时间。对于销售工作的开展,这一阶段也较为重要,厂商应当抓紧客户采购搁置期,发展与巩固客户关系,引导客户采购思路,为后续的工作开展做好铺垫。因此,这里将酝酿采购阶段单独划分出来作为客户采购流程的一个阶段。

在这一阶段,客户的主要工作是推动采购立项,以及做采购立项的前期准备。此时客户的侧重点主要有两个方面,分别是可行性评估和风险把控。

可行性评估主要是指评估采购以及产品的投入使用是否是可行的,主要包含两个层面的内容。首先是产品层面的可行性评估。例如,"方案确实可行吗?""确实可以解决问题吗?""能达到满意的效果吗?"等对产品和解决方案本身的评估。其次是业务层面的可行性评估。例如,"方案与当前业务适应吗?""产品投入使用会给业务带来什么样的影响?""产品投入使用会产生负面效应吗?""投入产出如何?""值得投资吗?"等与业务层面相关的可行性评估。

风险把控主要是对采购所存在的风险进行评估。采购风险可能来自很多方面,最终均会转化为参与采购决策者的决策风险,如果还没有有效地规避、化解这些风险因素,那么客户通常是不会做出采购决定的,即此时客户不会贸然推动进入实施采购阶段。

通常在酝酿采购阶段,客户的采购发起部门或牵头部门就会开始与厂商进行较为紧密的接触,对产品和方案进行较为详细的了解,同时还会进行诸如厂商考察、参加展会或交流会等活动,有的可能还会组织小规模的产品试用,以期尽可能地对采购进行了解与评估,对可能存在的采购风险进行预防和把控。并且在这一阶段，客户通常会对厂商有了一定的筛选，产生了一定的采购倾向性。

3. 产品采购阶段

通过以上两个阶段，客户最终确定采购，由此进入产品采购阶段。客户在产品采购阶段的主要工作目标是以合规、合理的决策流程为前提落实采购，筛选出最优的供应商，采购到最优的产品。

（1）采购立项

采购立项意味着客户在程序上对该项采购进行了确定。此时客户的采购资金已经到位，正式启动了产品的采购工作，客户内部的采购工作机制开始运转，客户采购决策链中的主要角色逐渐参与到当前的采购当中。

（2）评估方案

在这一阶段客户的主要工作是本着"货比三家"的原则，综合比较可供选择的厂商以及厂商的产品方案，找到与采购需求最为匹配的最优选项。通常在这一阶段，客户便会在诸多的备选厂商中产生明显的倾向性，有了中意的目标。在这一阶段客户也可能会受到厂商的影响，而对自身的需求做出调整，从而与厂商的产品方案更匹配。

（3）制订标准

在这一阶段，客户会着手制订明确的采购标准，通常包括设计方案、产品的技术参数、功能要求、商务条件等各方面的详细要求，客户所制订的标准用于在接下来实施采购时对备选的厂商以及产品方案进行考核。通常来讲，制订标准更多的是出于采购流程管理上的需要。有了明确的、经各方面审核确认的采购标准，一方面可以体现采购的公平、公正、公开的原则，另一方面可以分担采购中的决策风险。客户采购标准的制订会很大程度上受到意向目标厂商的影响，从而为意向目标厂商营造出竞争优势。

（4）实施采购

此时采购进入了实质性的操作阶段，客户会依据其所制订的采购标准对各参与厂商进行评审，原则上匹配程度最优的厂商即为最终的合作供应商。产品采购可以是单一的谈判采购，也可以是多方竞争性谈判、公开招标等多种方式。

4. 产品使用阶段

经过产品采购阶段，客户最终确定产品供应商，完成产品的采购，开始进入合同执行阶段，厂商开始进行产品的实施，客户也开始熟悉与使用产品，并逐渐开始享受采购所带来的收益。对于客户来讲，在产品使用阶段除了配合厂商尽快将产品投入使用并创造效益外，还有一项重要的工作，就是对采购成果进行评估，评估是否达到了采购预期。评估的结果会影响到客户的付款、后续合作等内容。

以上是客户采购流程的几个主要阶段，需要注意的是，在实际的采购进程中，每个阶段的划分并非一定如此清晰明确。每个阶段的工作可能会有重叠，或是某一阶段的工作被放在其他阶段中完成，这在实际采购当中都是很正常的情况。例如，在酝酿采购阶段，客户可能就已经和各厂商进行了深入沟通，完成了方案的评估，或者在需求决策阶段就已经完成了详细的方案以及标准的制订。通常来讲，越复杂的产品，其采购流程的各阶段划分越明显，而对于简单产品的采购，其流程会趋向于简单和模糊。

将客户的采购流程进行阶段划分，可以帮助销售人员清晰地把握客户的采购进程以及每个进程客户所开展的工作和所需要的支持。销售人员在实际开展销售工作时，应根据客户的实际进程情况采取相应的销售动作进行匹配，确保采取的销售动作能够迎合客户采购工作的开展需要，这样才能达成最优的工作效果。

第二节 流程的匹配

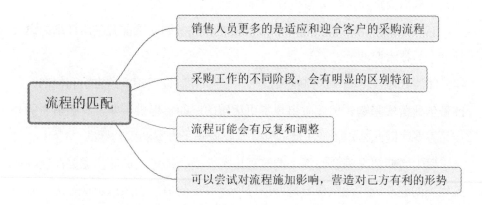

在实际的销售过程中，客户是占据主动权的强势一方，销售人员很难去改变客户采购工作的流程。销售人员更多的是根据客户的采购流程而设计销售的流程，以实现销售流程与采购流程的匹配，进而实现销售动作与采购动作的匹配。

客户在不同的采购阶段，在行为和思路上通常会有较为明显的区别和特征，包括关注点、参与的部门、角色等。准确把握客户所处的采购阶段，能够更好地进行客户行为的分析和应对。同时，从客户的角度出发，客户在开展采购工作时同样会希望能够得到外部支持，特别是对于复杂产品的采购，客户希望能够从厂商那里得到紧密的支持，从而协助其完成各个采购阶段的不同工作。销售人员如果能够在客户的不同采购阶段为客户提供相应的销售支持，那么对销售工作的良性开展会有非常有效的促进作用。

在很多情况下，客户的采购流程并不一定是严格按照第一节中介绍的顺序线性开展的，有的可能是整体上遵循这样的流程，但细节上会出现变化；有的则可能在大的流程上出现变动。流程变动主要有两种情况：一种是流程出现反复，另一种是流程出现调整。例如，下面几种情况。

① 客户已经完成了招标，确定了合格的供应商，但由于一些原因不得不宣布废标，而重新组织招标。

② 客户已经制订好了标准，但因出现新的状况导致需求发生了较大的调整，故需要重新进行方案设计和标准制订。

③ 当前采购属于重点项目，故需要在正式采购立项前就拿出详细的设计方案与技术标准。

④ 客户已经有了较为满意的意向厂商，并制订了相应的方案和标准，准备依此落实采购，但此时出现了更优质的厂商，提供了非常有吸引力的产品方案，因此客户改变了倾向性，重新修正了方案和采购标准。

以上类似情况都会使得采购流程出现变动，销售人员应注意关注这种流程上的变动，并注意探寻这些信号所释放出的信息以及深层次原因。对于流程出现反复的情况，不能认为有些工作已经做过了，就不再去关注。对于流程调整的情况，应避免因没有注意到发生的变化而仍然想当然地单方面开展工作，这样的做法都是错误并且危险的。

虽然销售人员难以改变客户的采购流程，但可以尝试去影响客户采购流程的发展进程，从而营造对己方有利的采购局面。例如，当己方在竞争中处于优势地位时，应尽量推动采购进程快速发展，尽早落实采购；当己方在竞争中处于劣势地位时，应想办法拖延采购进程，再从中寻求突破。

对于销售人员来讲，流程意味着规律，而有规律可循就往往意味着可控。对于每一个流程环节的可控，便是对达成目标的可控。对于客户采购流程的把握，一方面需要销售人员与客户进行紧密沟通，时刻掌握客户采购工作的态势；另一方面需要销售人员不断累积经验。对于同一类型的客户，其采购工作的行为模式通常会有很大的共通和相似之处，通过不断地与各个客户打交道并积累经验，销售人员能够更准确地把握每一个客户的采购流程和具体的行为。

思考练习

你熟悉自己客户的采购流程吗？注意，这里并不是指采购的决策流程，而是指一次采购的发展流程。请试着找两个自己的客户，用思维导图工具画一下客户采购的大致流程，以及在各个发展阶段所对应的对接部门和人员的变化。然后进一步规划一下，在不同的发展阶段，面对不同的对接人时，自己所需要做的应对方案。

扫一扫查看答案

APPENDIX

附录

附录一　"销售"是什么

附录二　如何做好销售工作

附录三　销售人员的职业发展与出路

附录四　销售中的共赢

附录五　先入为主与后发优势

附录六　充分利用网络

附录七　顾问式销售——以客户为中心的销售方式

附录一
"销售"是什么

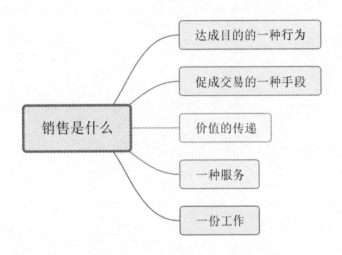

从广义上来讲,"销售"是一种非常常见的人的社会行为,几乎每个人每天都要与各种销售行为产生关联。"销售"也是非常基础的一个概念,已经难以再对其做进一步的语言上的解释。从事销售工作的人,虽然大都能理解其具体的工作性质与工作内容,但是提及"销售"这一具体概念,"销售"具体是什么、"销售"的本质是什么,恐怕很少有人仔细思考过。实质上我们所看到、所从事的这些销售工作,其实都是由"销售"的本质衍生出来的具体行为和表现,这些行为和表现是多种多样的,但是"销售"的根本性质却是稳定的、可以被把握的。对"销售"的本质进行了解和思考,可以帮助销售工作从业者更好地对"销售"这一工作进行理解和把握。

1."销售"是达成目的的一种行为

从广泛意义上来讲,一方通过向另一方施加影响来影响其行为和决策,从而使施加影响的一方从中受益的行为，其实都可以认为是销售。例如，相亲或者面试，就是通过销售自己来达到获得相亲对象或面试官青睐的目的；再如，到餐厅吃饭，点菜时服务员向顾客强烈推荐某道特色菜，表面上是为了让顾客做出更好的选择，其实质也是在对顾客的点菜决策施加影响。具体到大客户销售工作中，销售工作实质上也是通过销售人员的各种销售行为，不断对客户的采购决策施加影响，使客户做出对销售人员有利的决策的过程。

2. "销售"是促成交易的一种手段

从远古时代的以物易物到当代的以货币为主要媒介的物品买卖，交易形式越来越多样化，交易行为也越来越复杂化，而"销售"就是促成这些交易的一种重要手段。特别是在买方有诸多购买选择的情况下，卖方如何促使买方做出交易并且是与自己一方进行交易的决定，就是销售工作最主要的内容。

假设在没有"销售"存在的情况下，市场中的每个厂商都只负责生产产品，然后坐等客户上门挑选，在客户进行产品的挑选和比较时，厂商也不去做任何的产品推介。这种情况下，客户最终选择哪个厂商的产品完全凭自己的有限判断，因而每个厂商卖出产品的机会都是均等的。而此时如果其中一个厂商打破了这样的规则和现状，当客户在进行产品选择时，厂商一方面向客户灌输购买产品的必要性，另一方面向客户大力宣传自己产品的优势，这样必然会极大地提升客户与其进行交易的概率，进而促成当下交易。再进一步，如果厂商主动走出去，不断挖掘更多的潜在客户，面向更多潜在客户进行产品的推广与宣传，那么这个厂商必然可以遥遥领先于其他厂商，从而获得更多的交易机会。这便是销售的一项重要意义。通过持续地开展销售工作销售出更多的产品，这也是销售人员存在的意义之一。

3. "销售"是价值的传递

首先，交易的本质是价值的交换，只有交易双方在对彼此可交换的价值有了准确评估和认同的基础上，才能够顺利达成这场交易，因此可以说，销售是促成这种价值交换的一种手段。

一种产品之所以存在，生产这种产品的厂商之所以能够在市场竞争中存活，一定是因为产品存在价值。这种价值表现在可以为客户解决问题、创造收益。比如，可以提供生活便利、提高生产效率、降低成本、使财富增值等诸多方面的价值。但是很多时候，客户并不一定能够主动发现这种对其有价值的产品的存在，或者即使知道产品的存在，也不一定会意识到产品对自己的价值。因此，就需要厂商通过一系列的销售手段让客户了解并且认同这种价值，并使客户能够通过对产品的购买和使用享受到产品所带来的价值。也就是说，通过销售手段将产品的价值从厂商一端传递到客户一端。例如，广告本身就是一种产品销售的有效手段，所有广告的内容都是为了向目标客户展示其产品的价值；再如，到4S店买车，销售人员会向顾客介绍车辆的各种功能、特点、服务以及品牌文化等，这些都是在向顾客传递其产品的价值。从销售的角度出发，一旦客户认同和接受了产品的价值，就会产生购买的意向，同样，只要客户购买了产品，就能够享受到产品所带来的这些价值。

因此可以继续引申，厂商所销售的并不是或并不仅仅是其生产的产品，而是价值，销售人员所做的销售工作，就是这种价值进行传递的过程。销售人员可以被视为搭建在厂商与客户之间的桥梁，一方面将产品的价值从厂商一端传递到客户一端，另一方面将客户为了换取价值所付出的内容传递到厂商一端，这样便完成了一次买卖双方产品交易的过程，即完成了一次价值传递的过程。

4. "销售"是一种服务

具体到实际的销售工作中，销售人员应该是以帮助客户解决问题为目的来开展销售工作的,这一点比较容易理解。一方面,客户一定是为了解决其现状中存在的问题才会购买产品,而销售人员所做的工作,就是用自己的产品和服务去配合客户的采购,进而达成帮助客户解决问题的目的。另一方面,客户在采购的过程中,也会存在各种各样的问题,存在问题的主要原因是客户欠缺必要的专业知识,不能准确地认知产品,从而不能做出准确的选择和决策。例如,客户可能会对自身需求认知尚不明确,可能会因为缺乏必要的专业知识而没有能力针对自身需求构建出完整的产品解决方案,可能会在面对多种备选方案时无法辨别其中差异,无法做出对自己最优的选择等情况。此时就需要销售人员利用自己的专业知识,通过为客户提供一系列的支持服务帮助客户解决其采购过程中的问题,并最终帮助客户做出正确的选择。在很多时候,对于客户来讲,销售人员是熟悉产品的专业人士,客户通常会希望并能够从厂商销售人员那里得到必要的支持与帮助,而只要厂商提供了这种服务,其自然也非常乐于接受。

5."销售"是一份工作

人类社会因为分工合作的需要而衍生出各种各样的工种,销售便是这其中一类工种的统称。从大处说,销售人员通过这份工作与社会产生交集,证明和实现个人的价值;从小处说,销售人员依靠这份工作来赚钱谋生。首先,这份工作是一个平台,这个平台汇集着各种资源和机会,销售人员依托这个平台发挥自己的能力,不断实现个人的成长和收获。其次,所有类型的工作都会要求从事这份工作的人能够创造出对应价值,这种价值体现在多方面。最后,销售这一工作同样会存在和其他工作一样的一系列问题,如竞争、压力、挫折、暂时的成功和失败、职场的斗争等。这些都需要从业者以积极的心态来面对,并且需要不断地对自身进行修炼和完善,以期能够在职场中面对挑战、化解困难,确保自己能够尽可能地有一个相对积极、畅通的发展路线。

附录二
如何做好销售工作

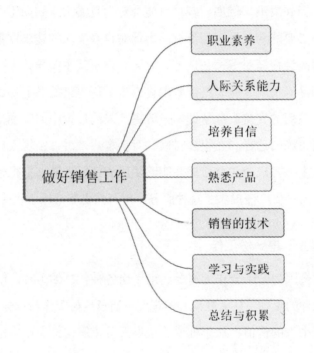

对于任何一种工作，恐怕都会有人尤其是新人提出"如何做好××工作"这样的问题，但是对于这种开放式的问题，很难给出标准答案。具体到销售工作上也是如此，难以给出可供操作的具体答案，而只能从最普遍意义上对此进行探讨。

1. 职业素养

销售是一类工作，因此那些具有广泛适用性的道理同样可以用在销售工作中，如勤奋、上进、认真、专业、诚信等，这些是任何成功者都应该具备的基本素质。同样，也要避免自己表现出那些负面的特征，如懒惰、懦弱、虚伪等。总之，作为销售人员，应该注意对自身的职业道德和职业素养的培养。拥有良好职业道德和职业素养的人，往往更容易取得成绩，获得成功。

这里重点要讲的是，作为销售人员，要有成功的欲望，欲望是驱使人做事的动力，强烈的欲望可以驱使一个人全力以赴地去做一件事情。销售工作的一个重要特点是唯结果论，对于销售人员成功的评判依据往往只取决于其最终的销售结果和销售业绩。因此，拥有强烈的成功欲望的销售人员，会更努力地投入工作中，更愿意为了成功的结果而奋力拼搏。

2. 人际关系能力

销售人员在开展销售工作的过程中要与形形色色的人打交道，这些人对销售人员的印象和态度，会对销售工作的推进产生重要影响。销售工作中重要的一环就是赢得客户信任，与客户建立起良好的关系，因此，销售人员应该具备良好的人际关系处理能力，在言谈举止、待人接物、察言观色、商务礼仪等方面有良好表现。通过观察可以发现，一个出色的销售人员在生活中也一定是一个受欢迎的人，并且只要他愿意，他可以快速与不熟悉的人建立起良好的互动，或是与周围人打成一片，这也是因为其具有超出一般人的人际关系能力。

3. 培养自信

一个自信的销售人员能够以积极的心态去开展工作，并将这种积极的心态传递给客户；一个不自信的销售人员，又怎能让客户对他以及对他销售的产品产生信任呢？因此，销售人员应该有意识地培养自信。

首先是要对自己有信心，这种自信来源于多方面。

① 来源于自己的成就感。要学会从日常生活和工作中寻找成就感，肯定自己的付出。同时，要多从其他同事的成功案例中寻找可复制的成功经

验,即使是失败的经验,也能够从中吸取教训,使自己以后不再犯同样的错误。

② 对自己能力的认同。自己已经掌握了足够的产品知识,确实可以为客户提供帮助,自己有足够强的销售能力,能够应付销售过程中的各种情况。

③ 对自己工作的认同。认可自己目前所从事的这份工作,认为它是有价值、有意义、有前途的。

④ 对自己所代表公司的认同。自己所代表的公司是最有实力的,是致力于为客户提供最好产品和服务的,是非常有发展前景的,是能够为自己的销售工作提供有力支持的。

⑤ 对自己所代表的产品的认同。自己所销售的产品是有竞争力的,是最适合客户的,是能够充分满足客户需求,帮助客户实现愿景的。

⑥ 来源于充分的准备。事前做好充分的准备,才能在事情发生时以自信的心态从容应对。

⑦ 调整面对客户时的心态。虽然在销售过程中客户处于强势地位,但销售人员不应因此认为自己就低了客户一等。双方是平等的,销售人员是为了帮助客户解决问题、提供服务、创造价值而出现在客户面前的。

其次是要对自己的产品有信心,要肯定自己产品的价值。在面对客户时,无论怎样,自己的产品都是最适合客户的,是客户的最优选择。同时,要对竞争对手的产品有充分了解,找到其不足之处,明确自己产品的优势所在,通过对比,更能强化这种信心。

但同时也要注意,自信是一种心态,这种心态可以影响到销售人员的气质和做事方式。但也要避免盲目自信,否则就变成了自大、趾高气扬,甚至是富有攻击性,这对销售人员来讲是非常危险的。

4. 熟悉产品

产品是销售人员用来打败竞争对手、征服客户的武器,销售人员一定要熟悉与产品相关的各类知识,目前很多销售都是从售前咨询、售前支持开始切入的。因此,在产品层面上吸引客户、在整个销售过程中充分利用产品打击竞争对手、树立竞争壁垒,都需要销售人员对自己的产品、对竞争对手的产品了如指掌。可以说,一名合格的销售人员首先应该是一名优秀的产品顾问。

5. 销售的技术

销售是一门系统化的技术,销售人员应该尽可能地学习并掌握与销售相关的各类技术。想要成功做一件事情,首先是选对方向,其次是采用正确的方法去做。而所谓技术,就是指那些经过验证后确定有效的方法,掌握这些技术,在开展销售工作时就能够根据不同的销售阶段和销售态势采取相应的有效动作进行应对。就好比一个功夫高手,只有平时勤学苦练,掌握各种武功招式,才能在与人过招时,即使面对千差万别的对手,也能够随机应变,采取有效招式进行应对。

整个销售技术可以认为是由诸多方面的内容构成的一个系统化体系。比如,电话沟通技术、客户需求开发、招投标的运作、与人交流时的察言观色、PPT制作、产品演示讲解等都有专门的技术相对应。本书的主要内容也正是试图为销售人员搭建一个系统化的销售技术框架,销售人员可以以此为参照,有方向地进行更深入的专项学习。

6. 学习与实践

学习是使人成长的有效方式,其实前面章节所讲的内容,都是为了指导销售人员有方向地去学习。销售人员需要对自身情况有一个准确的认知,明确自身的不足,有针对性地去学习和弥补。

首先是公司内部的日常培训,相对成熟的企业都会有计划地组织员工进行各种相关的工作培训。对于销售的培训,主要培训内容通常包括销售方法、销售思维、市场、产品知识等。这类培训的内容一定是经过公司的事先评估，是针对企业的管理需要和销售需要而精心准备的，对销售人员开展工作有积极的帮助和指导意义。因此，对于这类培训机会，销售人员应积极参与并认真学习。

除了公司的内部培训，通常销售人员还有两个主要的学习渠道。一个是向其他人学习，平时可以多向经验丰富或业绩突出的同事虚心请教，日常注意观察对方的工作方法。例如，和自己的领导一同拜访客户时，可以注意观察领导是如何与客户交流的，如谈话的内容、言谈举止等，然后再结合自身的情况有意识地去消化、学习和模仿这些内容。对于任何行业的新人而言，在刚进入某个行业时，如果能得到有经验的人的指导，都是非常幸运的。有一句话叫"站在巨人的肩膀上"，在这里，这些被学习的对象虽谈不上是巨人，但仍有诸多优秀的品质和经验值得我们学习，通过向这些人学习来缩短自身经验、技术方面的积累周期，达到快速进步的目的。另一个渠道就是自己主动去寻找学习资料来学习。现在信息异常发达，通过网络、书籍都可以获取到各类想要的知识，如专业书籍、公共讲座、网络上的经验分享和培训课程等。这类学习可以分为两类：一类是与销售这一本职工作相关的知识的学习，另一类是丰富自身知识量的学习，如历史、政治、经济、文化、社会经验等。销售人员应该具有一定的这方面的知识储备，这样一方面对提升自身的素养和信心有帮助，另一方面可以在与人交流时拥有更广泛和丰富的共通点。

销售是一类实践技能，因此经常会有观点说，销售要多实践，在实践中积累经验，要不怕失败，在失败中成长。这种观点是正确的，但是在大客户销售中并不是很推崇这种观点，因为在之前也提到过，大客户销售的一个重要特点就是客户目标明确、客户价值大，对于一个销售人员来说，很可能一个区域内只有寥寥可数的几个有价值的客户，这种情况下，在任何客户那里产生的失误都可能造成不可挽回的后果和损失。所以，在大客户销售中，实践固然重要，但更应在进行每一次销售时都仔细地规划，做好充足的准备，避免出现任何失误。

7. 总结与积累

"复盘"一词通常在围棋和股票中有较高的使用频率，指的是在一局棋结束或是在股票闭盘后，对当时的情况进行回顾，对过程进行再次梳理和分析，以从中总结经验。在销售工作中，同样也可以对工作进行复盘，既包括每一个销售项目结束后的整体复盘，又包括在销售工作开展过程中，当每一次具体工作内容结束后的事后总结分析。对于已经结束项目的复盘，可以从中吸取成功或失败的经验教训；对于销售进程当中每一次具体工作的复盘，可以及时找到其中存在的问题，查漏补缺，以便于在后续开展工作时进行弥补。例如，销售人员每次拜访客户结束，从客户那里出来后，不建议直接离开去做其他事情，最好是就近找个地方停下来，仔细回顾一遍当时与客户沟通交流的过程，这样就可以及时发现与客户沟通时是否存在某些纰漏，并且可以再次回味当时客户的言行，分析更丰富的信息内涵，以及对拜访前的目标进行回顾，看本次拜访是否达到了预期的目标。如果有所遗漏，应及时谋划弥补措施。

对于任何工作，都会有一个逐渐积累的过程，虽然可以通过方法和技巧来缩短这个过程，但是过程本身是不可避免的。例如，本书的内容就是为了帮助销售人员尽快入门和提升，以达到缩短销售人员成长周期的目的。同时，这个过程也会因人而异，不同人的思维、性格、行事方式、机遇以及资质天赋都有差异，而这些差异会在很大程度上决定一个人的职业发展过程。有的人可以在进入工作后短时间内就做得有声有色、风生水起，有的人则需要较长时间的积累，但落后者也不应气馁。一方面，身边能有这样优秀的榜样供自己参考，是一件幸运的事情；另一方面，从长远来看，暂时的落后并不一定意味着长远的落后，在现实中有很多一开始稳扎稳打、业绩平平，但到后期开始逐渐爆发的例子。因此，一旦决定了从事销售这份职业，剩下的就是方法的问题了，选择正确的方法并坚定地朝着所选方向走下去，通常都能够得到应有的回报。

附录三
销售人员的职业发展与出路

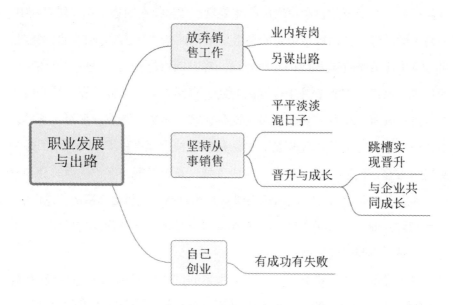

任何职业都会有一个长期的发展方向和最终的出路,从业者也会对自己的职业发展有大致的规划。有的职业可能方向清晰、发展稳定。例如,绝大多数的公务员都会在体制内逐步晋升,触及天花板后,最终停留在某个级别的岗位上直至退休。但还有一些职业其发展方向可能并不是很明确,从业者个人的长期发展有诸多的选择以及不确定性,销售工作就更偏向于这一类型。那么销售人员的职业发展和出路都有哪些呢?根据销售工作的职业特性以及身边很多人的实际经历,可以总结出大概以下几种类型。

① 有很大一部分从业者在工作一段时间后,发现自己并不适应销售工作的工作方式以及由此带来的生活方式,如工作压力大、生活不规律、长期出差等,或者工作一段时间后发现自己并不适合这方面的工作,如性格

不适应各种社交逢迎、工作期间业绩不佳、收获与付出不符合预期等，从而选择放弃销售工作，选择其他岗位重新开始，如转做售前售后、项目管理等。其中还有很大一部分销售人员选择了其他出路，如有的考了公务员，有的趁年轻回学校继续读研深造等。

② 还有一部分从业者会坚持当前的职业道路，这些从业者有一部分可能会一直平淡下去，平时业绩平平，偶尔靠飞个单、倒手赚个差价等方式赚点外快，这一类人通常都是职场上的"老油条"，依靠自己的那一套生存法则在其所处的圈子中生存下去。还有的从业者则会逐步地晋升与成长，有的可能是靠不断跳槽的方式去选择更合适的平台，有的则忠于一个企业，与企业共同成长。对于这一类人，其最大的可能是逐渐走向管理岗，尤其是在一些中小企业中，员工很容易随着企业的发展壮大而实现个人的晋升和成长，有的甚至会拿股份、当高管。对于在一些相对稳定的大企业中的从业者，可能会成为区域主管、分公司负责人、事业部负责人等，最终带领团队镇守一方，这通常都是很理想的出路。

③ 自己创业当老板也是很常见的一类销售工作从业者的出路。销售工作是非常锻炼个人综合能力的一类工作，这其中很多能力都是经商、创业所需要的。因此，销售人员创业相对是具有一定优势的，最主要的优势在于销售人员有相对更强的经营能力和市场思维，有更丰富的市场资源和人脉资源的积累。这些自己创业的从业者，有的可能是在以往跑销售的过程中发现了新的机遇，于是自己单干或是拉人合作一起做；还有的是依靠以往积累的客户资源，延续之前的业务或是做一些周边业务，如自己做代理，或是做品牌。但是这些自己创业当老板的人的发展也千差万别。有的可能经营一段时间就难以维系，于是重新回去打工；有的可能并不见得比打工时赚得多，但胜在自由感和成就感；还有的可能经营的业务顺风顺水，就此飞黄腾达。

以上基本就是销售人员的几种常见的职业出路，其实对于任何职业来讲，从业时间越久，以后转型的机会就越小，难度也会越大，转型的成本也就越高。尤其是现今社会对于职业的细分化程度越来越高，对于单一职业技能的要求也越来越高，如果从事一门工作时间久了，哪怕是同一类型的工作即使仅仅更换了行业，也会存在很多障碍。销售工作从业者应尽可能早地做好自己的职业规划，找好自身的定位和发展方向，并朝之努力。这样可以降低重新择业的机会成本，避免以后因为职业的重新规划而付出高昂的代价。

附录四
销售中的共赢

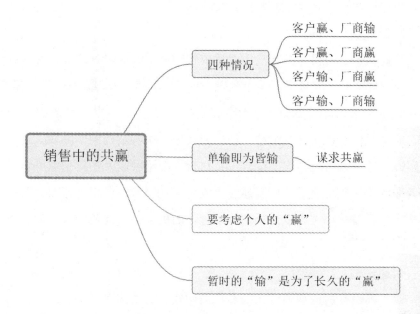

在一次销售中,当销售已经达成,买卖双方确定合作后,双方面临的局面无非是以下四种情况。

1. 客户赢、厂商输

客户得到了预期的采购结果,但是厂商由于种种原因没有赚到理想的利润,或者没有赚到利润,甚至赔钱。在这种情况下,厂商在签约后会面临较大的执行压力,缺乏足够的执行动力,结果可能是厂商对本次合作消极应对,不能提供优质的售后服务,或是在后期的项目执行过程中偷工减料、压缩成本,这样就会导致客户的权益也受到损害,最终演变成客户也输的结局。

2. 客户赢、厂商赢

客户得到了预期中的采购结果,厂商也从中赚取了合理的利润,双方都达成了预期的目标,这是最理想的合作状态。在这种情况下,双方都有积极的动力去推动项目的执行,同时,双方可以保持良好的合作关系,当客户以后再有采购需求时,也会优先考虑与当前厂商合作,而厂商也可以对客户进行持续的开发,发掘新的商机。

3. 客户输、厂商赢

厂商赢得了项目,但客户没有达成预期的采购成果。比如,客户高价采购了次优产品,或者厂商误导客户,使客户需求、采购方案产生了偏差。在这种情况下,即使双方的合作继续执行下去,客户也会缺乏执行的动力,或是对厂商产生抵制情绪,使厂商在项目执行过程中面临较大的压力和阻碍,甚至会出现客户不配合项目执行、拒绝验收、拒绝付款等情况;或者即便项目执行完成,厂商通过验收、拿到回款,也很可能因为客户对本次合作不满意而失去以后长期持续合作的机会,最终演变成厂商也输的结局。

4. 客户输、厂商输

双方都没有达成预期成果,客户采购到了劣质或次优的产品,厂商也没有从中赚取到合理利润,最典型的就是很多超低价抢标的行为。在这种情况下,双方都缺乏继续合作下去的动力,此时最好的结果便是中止合作,但双方之前所做的工作和付出的努力就会付之东流。即便合作不得不继续下去,那么一方面客户会消极应对,另一方面厂商也会以各种方法压缩成本、节省支出,最终造成双方对合作皆不满意的局面。

通过以上四种情况可以看到,在一次买卖双方的合作中,除了双赢局面外,其他三种情况最终都会演变成双方皆输的结果。因此,厂商在进行销售时,如果仅想着如何达成销售目的,如何将产品卖出去,而不重视客户权益和合作质量,那么很可能会像上面分析的一样,最终无论是厂商还是客户,都难以从当前的合作中得到预期收益,即落入双输的境地。所以,厂商在开展销售的过程中，应该把双方共赢作为目标导向。从厂商的角度来讲，当面对一次商机时，不应仅仅考虑如何达成销售，更多的是要真正从客户的角度出发，为客户提供真正适合的产品和解决方案，真正能够为客户解决实际问题，帮助客户达成理想的采购结果，然后厂商再从中寻求赢的机会。

销售是与客户中每个具体的人打交道，厂商还应该注意到客户当中具体的个人的"赢"。例如，通过本次采购，客户中的个人诉求可以得到满足、个人期望能够达成等。这样可以调动客户的积极性，推动后续工作顺利执行。有时候即使开始不是双赢的局面，但如果能得到客户的积极配合，仍然有机会将局面扭转。

厂商除了考虑当前结果的输赢，还应当从长远的角度进行评估，有些时候，厂商为了更长远的规划，也并非不能接受当前"输"的结果。比如，有些时候厂商为了打败竞争对手，争取到客户，会用极有诱惑力的价格与客户合作，目的是拿下客户后，在后期与客户开展更大规模、更深入的合作，或是为了在其他业务上能够与客户达成合作，这样的话，之前所做的牺牲自然是值得的。

附录五
先入为主与后发优势

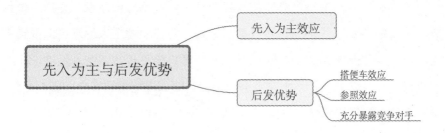

1. 先入为主效应

在大客户销售中,先发优势的存在是毋庸置疑的。在大客户销售的过程当中,依靠先于其他竞争对手与客户建立起联系、介入客户的采购当中,通常都可以帮助厂商在竞争中树立起优势局面。关于先发优势,经济学、管理学等均有阐述,这里不再赘述,这里主要讨论大客户销售中的先入为主效应。

先入为主是指先获得的观念、事物印象等会在人的头脑中占据相对主导的地位,无论在生活中还是工作中,人的判断或决策或多或少都会受到先入为主的影响。例如,到商场购物,逛了一圈下来最终还是选择了第一眼看中的那件衣服。在大客户销售中也会存在一定的先入为主效应,客户往往会把最先了解到的厂商和产品作为参考依据,用来与之后的厂商和产品进行评判和比较。与销售人员的接触也同样,客户通常会对初次接触的销售人员留下较深的印象,并将其与之后所接触到的比较。因此通常来讲,在大客户销售中,率先与客户建立起联系,将产品、方案导入给客户,可以有效地给客户植入深刻印象,并对客户之后的决策判断产生一定的影响,此为大客户销售中的先入为主。

在一次大客户采购的过程中，因为采购周期长、决策复杂的特征，客户通常会在采购过程中或主动或被动地接受到各种厂商的公关和灌输洗脑，这些信息经过碰撞，最终会形成客户自己的观点和想法。而销售人员的主要工作内容正是对客户这些观点和想法的形成施加影响，此时，先入为主效应就可以发挥出一定的作用，在客户的观点和想法还处于空白的阶段，帮助客户进行需求分析，给出解决方案并规划愿景，帮助客户塑造出初步想法。这样，客户在之后与其他厂商接触时，都会在潜意识里将获取到的信息与其所塑造的初步想法进行比较，在无形中导入给客户的内容就成了客户潜意识中的评判标准和参照。

先入为主的核心在于"先"字，既要先于其他竞争对手，又要先于客户自身，在客户自身的想法还处于空白或模糊阶段，即与客户建立起联系并进行交流，向客户导入己方相关的产品和方案信息，给客户植入一个最初的印象。这样可以更有效地发挥出先入为主效应，使这些先入为主的内容对客户之后的思路产生影响。

2. 后发优势

后发优势又称后动优势、次动优势，指后动者相较于先动者，可能会获得某些先动者所不具备的优势。大客户销售中的后发优势主要体现在以下三个方面。

（1）搭便车效应，节省前期资源投入

在大客户销售中，一次销售的达成往往要经过一系列的运作和推动，尤其是在客户决定采购的阶段，厂商在这个过程中需要投入较多的人力、物力等资源。如果让其他厂商先在前面运作，己方在旁观望，待时机恰当时，如客户的需求已经清晰明确或已经确定了要进行采购时，再择机进入，这样就省去了前期的资源投入，可以将优势资源集中投入后续的工作开展中。

（2）参照效应，避免后期试错成本

销售过程中存在诸多的不确定性，先动者在这个过程中往往是处于探索前行的状态，这其中就可能会出现工作上的偏差或失误，可能会走弯路或错路。而后动者因为有了参照，对于整体局势的认知更为明朗，因此可以绕开先动者所遇到的障碍，避免出现同样的偏差或失误。同时，因为整个局面已经较充分地暴露出来，后动者也可以更有针对性地应对。

（3）充分暴露竞争对手

竞争对手在前期的工作开展中，会不可避免地将自身的相关信息逐渐暴露出来，如企业实力、产品方案、价格、竞争策略等，这样后动者就可以根据了解到的信息采取更有针对性的措施以应对竞争。因为后动者此时刚刚入场，竞争对手对于后动者的计划和策略并不十分了解，这样就起到了后发制人的竞争效果。

在一次销售竞争中，厂商应尽可能地争取先入为主的先发优势，这样可以尽可能地在竞争中掌握主动权，但同时也不应忽视后发优势。一方面，在自身处于先发地位时，要防范竞争对手的后发优势效应；另一方面，当被动地处于后发状态时，要充分挖掘、发挥后发优势，为自身争取竞争优势。

通常来讲，厂商只有在拥有核心竞争力的情况下才更适合借助后发优势，即手里要有牌。在关键时机介入销售进程中之后，要能够真正对竞争对手形成竞争优势，能够切实打动客户，否则，"后动"是没有意义的。这也是在很多销售项目当中，一些小公司虽然冲在前面，尽心尽力地围绕着客户做服务，但最后仍被有实力的大公司抢单的原因。

附录六
充分利用网络

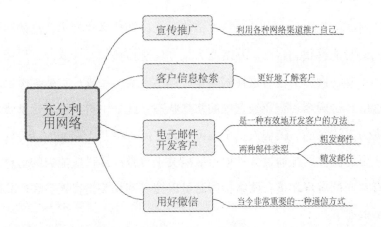

最近这十几年，互联网爆发式地发展，给社会各行各业都带来了巨大变革。这种变革带来了机遇，同样也带来了挑战。抓住这个机遇的企业或个人，就可能借势使自身的事业更上一层楼，反之，则可能在竞争中落后于他人。

对于 B2B 销售，互联网带来的影响也是很明显的。首先是使销售渠道变得扁平化。现在客户几乎可以通过网络零成本地了解到任何自己想要了解的产品或者厂商的信息，并与之建立起联系，而不用再经过中间的层层环节。这就使得信息变得更加透明，客户拥有了更广泛的选择空间，在一定程度上改变了传统的信息不对称的销售模式。其次是信息的传播渠道变得更广泛。互联网上有各种各样的信息传播媒介，可以帮助厂商进行企业、产品、品牌的宣传和推广，将厂商定向推送给目标客户群体。客户同样也可以通过各种网络渠道搜寻自己感兴趣的信息。最后是联络方式的变革，包括邮件、微信、视频等在内的通信方式已经普及成为常态，并有逐渐取代传统电话、会面这类通信方式的趋势。

具体到大客户销售工作的开展中，对网络的利用可以体现在以下几个方面。

1. 宣传推广

任何厂商都需要对自己进行宣传推广，以期让客户知道自己的存在，在有需要时能够找到自己。网络作为现今信息传播的重要媒介，厂商自然也少不了要在网络上进行这样的动作，包括企业网站推广、搜索引擎推广等，这已经是现今各企业经营中的常规状态，此处不再赘述。这里要提一下不太为人注意的、销售人员个人可以为之的一些基于网络的宣传推广动作。主要思路仍然是通过各种渠道散播关于自身产品供应能力的信息，以达到有意向的客户在进行网络检索时可以搜寻到相关销售人员和产品的目的。举例如下。

① 注册参与行业论坛，偶尔发布一些相关的信息，保持活跃度。

② 加入各种行业的 QQ 群、微信群。

③ 在博客中发布相关产品知识、行业知识、产品供应信息等内容，设置一些搜索优化词，可以大概率地让客户检索到相关销售人员及产品或是相关厂商。

④ 可以在百度知道、知乎等问答平台自问自答一些与产品、行业相关联的问题，主要是站在目标客户的角度上，想一想对方会提出什么样的问题，这样目标客户在进行相关搜索时就很可能会搜索到销售人员发布的信息。

⑤ 在视频网站上发布一些相关的视频，如产品的介绍、工厂实况、产品测评等信息。

⑥ 在微博发布相关内容，也可以主动搜索关注可能的目标客户，并进行适当的互动。

⑦ 阿里巴巴也是一个不错的商业推广平台。

⑧ 建议个人网站通过付费点击、搜索引擎优化等方式实现网络上的宣传推广。

2. 客户信息检索

寻找客户在网络上留下的任何蛛丝马迹，以期能对客户有更进一步的了解，这样做往往会有意想不到的收获。举例如下。

① 通过新闻报道，可能会了解到客户发生的重大事件，如企业改革、人事调整、新项目上马等信息。

② 通过招聘网站，可能会了解到客户内部的组织结构需求、业务状况、人事待遇等信息。

③ 通过招投标网站，可以了解到客户以往的采购情况、采购渠道、采购习惯等信息。

④ 通过社交网站，可能会检索到客户单位中员工的账号。关注该员工以后，通过其日常发布的内容可能会了解到一些有价值的信息。如果用心操作，可以与其互动乃至成为好友。

⑤ 很多客户单位都会有自己的员工QQ群、微信群、论坛等，如果能够打入其中，则可以获取到很多有价值的信息。

3. 电子邮件开发客户

电子邮件开发客户这种方式常见于外贸行业，因为与国外客户进行沟通的成本相对较高，而且存在语言、时差等障碍，所以利用电子邮件向客户推送信息就成了一种比较可行的方式。国内的B2B销售同样可以借鉴这种方法，相较于陌生拜访或陌生电话，电子邮件有特有优势。第一，不会使客户产生突兀或被打扰的感觉；第二，通过邮件可以向客户传递更为丰富和直观的信息；第三，以邮件形式更便于客户存查追溯；第四，邮件可以作为正式与客户进行联系的预热，先让客户对相关产品有一个初步的印象，以便于后续进一步跟进。

电子邮件开发客户，直白地说就是给客户发送邮件，向客户进行产品的推介，因此，邮件的内容一定要经过精心的准备，以期使客户在收到邮件后有兴趣浏览，并且能够给客户留下好印象。如果能够使客户对厂商的产品产生兴趣，甚至回复邮件继续交流，就达到了最优的效果。

邮件类型可以分为两类。第一类是精发邮件，即针对具体客户进行发送，这需要事先对这个客户有一定的了解，尤其是对其业务的情况有一定的了解，这样才能有针对性地设置邮件的内容。比如，为什么要给客户发送这封邮件，为什么要向客户推介自己的产品，客户为什么会需要这样的产品，己方有什么样的优势等。第二类是粗发邮件。这类邮件既可以海量群发给所有目标客户，又可以针对特定客户发送。这类邮件的内容类似于企业宣传册的内容，并且可以反复向客户发送。比如，每隔一个月就发给客户一次，主要目的是让客户知道相关厂商和产品的存在，并在客户中保持一定的存在感，以期客户一旦有所需求时，会第一时间想到发邮件的厂商。

4. 用好微信

如今微信已经成为一种常规的通信方式，甚至已经成为很多人日常与人交流沟通的主要手段，因此，在与目标客户成为微信好友后，如何利用好微信与客户进行沟通互动，也是需要注意的一项内容。

首先是与客户的聊天互动，这个主要根据客户的性格以及与客户的关系来把握。例如，有的客户性格开朗，愿意聊天，那么销售人员可以与其多交流；有的客户不喜欢与不熟悉的人聊天，那么就不要过多地打扰对方。总体来说，与客户交流既要注意礼节，又要注意内容，不能使客户产生厌烦感。初期内容可以侧重于依托客户的业务情况为对方提供一些有价值的信息，或是做一些业务上的探讨，这样可以使客户感觉与当前销售人员交流是有价值的。较熟悉后，可以再做一些日常的聊天，然后以此为线索，适当地穿插一些与自己产品销售相关的内容。

其次是朋友圈的互动。销售人员可以在朋友圈中适当发布一些与产品、行业相关的新闻、动态、感悟等内容，这样一方面可以为客户提供一些信息的分享，另一方面也是在客户那里建立存在感和塑造形象。但需注意，发布的内容要适当，不能像广告刷屏一样一直发，那样容易使对方感到厌烦，甚至可能被屏蔽。可以针对特定的目标客户发布，这样发布出来的内容只有特定的人才能看到。然后对于客户发布的朋友圈内容，也可以适当地参与互动，如点个赞，或是留个言等。但同样要注意分寸和内容，不要适得其反。

以上是关于如何利用好网络为自己的销售工作提供帮助的一些经验分享，其实还有很多方式、方法可以被发掘，在这里仅作为一种思路和启发，供大家参考。

附录七
顾问式销售——以客户为中心的销售方式

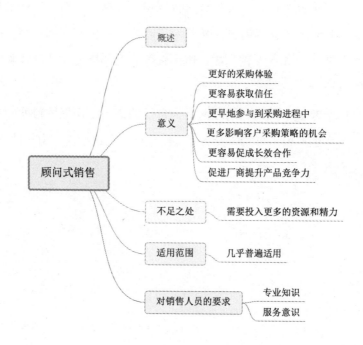

1. 顾问式销售概述

顾问式销售是近些年来兴起的一个概念,其代表了一类销售理念和销售方法。在诸多实际的销售情境下,顾问式销售被不断地实践和验证,且被证明是确实可行和有效的,这也使得顾问式销售更加备受推崇。

在大客户销售中,传统销售方式多数是向客户进行产品推销的交易型销售,在销售时强调的是产品的价值和卖点,销售技巧也着重于如何让客户认同并接受产品的价值与卖点。对于卖方而言,是以达成交易为目标导向，关注点更多地在于如何促成交易以及达成交易后所获得的收益。因此，在交易型销售过程中，往往存在忽视客户的真正需求或是被客户的需求所牵制的问题，同时这也容易造成不好的客户购买体验。

在日常生活中，我们经常会遇到一些号称"某某顾问"的销售人员。例如，卖保险的理财顾问、卖保健品的健康顾问、卖化妆品的美容顾问等。这些人虽然挂着顾问的名头，但实际上做的仍是销售的工作。他们在做产品销售时，不是直接向顾客推销自己的产品，而是先与顾客交流，通过向顾客提出问题，对顾客的情况和需求等信息加以了解，然后给出适合顾客实际情况的产品上的建议，有时还会帮助顾客发现顾客之前没有意识到的更深层次的问题，并将这些问题转化为顾客的需求。顾客在进行产品咨询时，也能从对方那里得到较为专业的解答。销售顾问利用这种方式来拉近与客户的距离，获取顾客的信任和好感，从而达到促成交易的目的。

顾问式销售代表的是一种销售理念，以及由这种理念所衍生出来的销售方法。区别于传统的以产品推销为驱动的交易型销售，顾问式销售以客户需求为中心，以客户收益为目标导向，在销售过程中，销售人员将客户视为朋友和合作伙伴，与客户之间是共赢的利益共同体关系，自身销售目标的达成建立在客户利益被满足的基础上。在开展销售时，销售人员真正站在客户的立场上，想客户之所想，用自己的专业能力去帮助客户发现问题、解决问题，为客户提供真正适合其需要的产品解决方案，从而达到帮助客户顺利完成采购、为客户带来收益的目的。而之后所达成的交易以及达成交易后的获利，则是顺其自然的结果。

2. 顾问式销售的意义

① 顾问式销售更侧重于客户需求，以及围绕客户需求和客户采购工作需要所提供的一系列售前服务。通过这样的售前服务，能够给客户带来更好的采购体验。

② 顾问式销售更容易获取客户的信任和依赖，从而使销售人员能够在

销售过程中更好地把握和引导客户需求，同时，也使销售人员有更多的机会对客户的采购行为施加影响，从而可以为己方营造出更多的竞争优势。

③ 在大客户销售中，顾问式销售的一个重要特性是，在客户采购进程的早期便会参与到进程当中，以提供售前服务的方式，换取对客户的采购决策施加影响的机会。

④ 顾问式销售贯穿于销售的整个过程当中。与推销式的销售方式相比，顾问式销售可以为销售人员创造出更多与客户进行深入交流的机会，使销售人员能够在采购进程的各个阶段对客户施加影响。

⑤ 顾问式销售更容易促成买卖双方长期合作关系的建立，可以为厂商长期市场的巩固和发展打下良好基础。

⑥ 顾问式销售需要对客户的需求、业务背景等信息进行详尽的搜集、整理和分析，使厂商更广泛和深入地掌握市场上的产品需求情况，因此，顾问式销售有利于促进厂商提升产品竞争力。

3. 顾问式销售的不足之处

相较于其他销售方式，顾问式销售要求销售人员与客户做深入的沟通，真正了解客户并及时响应客户。为达到更好地响应和引导客户的效果，销售人员可能会在采购前期为客户提供一系列周到、细致的售前服务作为铺垫，因此，顾问式销售往往需要厂商和销售人员在客户上投入更多的资源和精力，这是顾问式销售的一个不足之处。

4. 顾问式销售的适用范围

顾问式销售所具有的特性，使其具有广泛的适用范围，几乎在所有的销售情景下都可以借用其理念。但总体来讲，顾问式销售更加适用于复杂型、高技术门槛、高附加值产品的销售。这类产品通常具有个性化高和复杂性高的特点，客户的需求界定较为复杂，且存在较大的需求开发潜力，同时，依靠客户自身的能力也难以对产品进行有效的学习、辨析和选择。

如果此时销售人员能够及时介入，为客户提供有力的咨询和服务，那么客户将会非常乐于接受。如果在提供咨询和支持服务时能够有效赢得客户的信任，那么客户同样会非常乐于听取销售人员提供的各种意见和建议。

5. 顾问式销售对销售人员的要求

顾问式销售突出的是"顾问"，因此需要销售人员除了具备一般销售所需的销售技能外，还要具备"顾问"所需要的能力。

首先是要具备足够的专业知识，包括产品知识、业务知识、行业知识等一切与客户沟通时可能会涉及的内容。在顾问式销售中，很多时候销售人员是以专家的姿态与客户进行交流互动的，只有具备丰富的专业知识，才能切实帮助客户解决问题，赢得客户的信任和依赖。

其次要具备足够的服务意识。所谓"顾问"，并不是销售人员自己认为的，而是需要得到客户的认可的。这就需要销售人员在具备解决问题的专业能力的基础上，还要有真切地为客户提供服务的态度，使客户能够真正感受到顾问式销售所带来的良好体验。

小李是一家销售企业移动OA（办公自动化）产品公司的销售经理，经过多年的行业历练，小李在行业和业务上已经有了非常深厚的积淀。现在小李在开展销售工作时，大多数情况以产品顾问、专家的姿态出现，与客户进行沟通。沟通时，小李很少提及自己的产品，更不会滔滔不绝地向客户推销自己的产品，而是更多地与客户进行相关业务上的讨论，利用自己丰富的业务知识和对行业的熟悉，通常能够对客户的业务现状进行深入浅出的细致分析，对业务的改良与构建给出非常有建设性的意见。客户每次与其交流都会感觉获益良多，甚至意犹未尽，有时客户甚至是以请教的姿态主动找小李沟通。自然，客户的整个采购进程小李都会深度参与到其中，并在参与的过程中利用自己的专业能力给出非常中肯的意见和建议。而客户也非常乐于接受小李所提供的帮助，对其所提供的帮助也非常感谢。自然，客户在进行产品采购时，也乐于首选与小李合作。

近年来，随着市场上信息渠道的扩展，市场愈加扁平透明，产品同质化严重，供客户选择的空间更为广阔，单纯的产品推销式的销售最终难免会落入拼价格、拼关系的局面。随着国内各方面规章制度的不断建立与完善，市场环境逐渐规范，销售也逐渐回归其本质，传统的关系型销售的局限性也逐渐暴露出来。此时，顾问式销售就体现出了其优势所在，通过顾问式销售，销售人员从售前服务着手，为客户提供超过产品本身价值的服务，以及由此带来的良好的客户购买体验，进而深度参与到客户的采购进程当中，并对客户的采购决策施加影响，最终达成销售目标。相信随着市场的继续发展，顾问式销售的理念会持续得到发展和完善，顾问式销售的销售方式也会得到更加广泛的推广与应用。理解、掌握并应用顾问式销售这种销售理念和方式，对于提升厂商的整体市场销售能力以及销售人员个人在具体的销售项目中的竞争能力方面都会起到良好的促进作用。